如何问
对方才肯听

外資系コンサルに学ぶ聞き方の教科書
KUMIKO SHIMIZU

如何听
对方才肯说

〔日〕清水久三子 —— 著　尹凤竹 —— 译

中国友谊出版公司

图书在版编目（CIP）数据

如何问对方才肯听，如何听对方才肯说 /（日）清水久三子著；尹凤竹译．— 北京：中国友谊出版公司，2019.6

ISBN 978-7-5057-4766-1

Ⅰ．①如…　Ⅱ．①清…　②尹…　Ⅲ．①语言艺术—通俗读物　Ⅳ．① H019-49

中国版本图书馆 CIP 数据核字 (2019) 第 118695 号

著作权合同登记号　图字：01-2019-6192

书名	如何问对方才肯听，如何听对方才肯说
作者	〔日〕清水久三子
译者	尹凤竹
出版	中国友谊出版公司
发行	中国友谊出版公司
经销	新华书店
印刷	三河市冀华印务有限公司
规格	880×1230 毫米　32 开 6.5 印张　128 千字
版次	2019 年 10 月第 1 版
印次	2019 年 10 月第 1 次印刷
书号	ISBN 978-7-5057-4766-1
定价	39.80 元
地址	北京市朝阳区西坝河南里 17 号楼
邮编	100028
电话	（010）64678009

如发现图书质量问题，可联系调换。质量投诉电话：010-82069336

前言
PREFACE

工作成果的90%由“听”和“问”决定

▷ 决定能力的不是表达，而是“听”和“问”

我想问问大家，你觉得哪一项技能最能体现出商业顾问的优劣？

恐怕很多人一听到“商业顾问”就会联想到这些印象：“对服务的客户公司进行调查分析，并严厉指出其缺点的人”“能用PPT流利做讲演的人”“提出‘社长，你应该这么做’促使企业进行改革的人”……

因此，对于我之前所提出的问题，也许有人想到的答案就是“分析”“调查”“演讲”“说服”等技能了吧？

但是，大多数商业顾问最为重视的素质，其实应该是“听”和“问”的技能。实际上，越是优秀的顾问，就越是重视“听”和“问”，他们会花很多的时间和精力打磨“听”和“问”的能力。

比起分析或讲演等技能，一名优秀的商业顾问其实更应该注重“听”和“问”的能力——这个答案是不是让很多人大感意外呢？

确实，直到不久前，人们还是以表达能力的高低来判断一个商业顾问的优劣。口若悬河的顾问能条理清晰地发表观点，将MBA方面的知识与分析结果传递给客户，从而获得相应的报酬。

但是，现在状况已经变了。随着信息化的发展，MBA领域的知识与分析等，已不再像以前那样罕见。而且，社会变得愈加复杂，那些公认有效果的最新理论或框架思维等一般的方法，也开始变得不再奏效了。最重要的是，我们要先从客户那里准确地打听出其需求和相关的信息，然后提出有针对性且个性化的解决方案。

不仅限于商业顾问，对于很多职业来说，也是同样的道理。

▷ 所有工作的初始环节

除了像艺术家和科学家，这种靠自身的灵感和研究的成果就能一决胜负的部分群体的职业，对于多数商务人士来说，必须从客户或顾客那里询问出信息才行。

而且，毫无疑问，这种“询问”——“听”和“问”的行为必须被当作工作或项目的初始环节。工作可以分为很多个环节，如分析、思考对策、讲演、执行方案等，而初始环节就是“听”和“问”——客户需求的是什么？想要做什么？做到什么程度？我们首先要弄清楚这些内容，千万不要一上来就盲目地分析或发表观点。

当然，万事开头难。如果你第一步就不顺利，后面的环节自然也难有成果。如果开始不能很好地进行“听”和“问”，那么，之后无论你分析得多么缜密和正确，也无法推导出正确答案。即使交由演讲达人做最后陈述，也很难保证客户满意。也就是说，如果初始环节的“听”和“问”做得不好，无论你的“分析”“讲演”等环节做得多么纯熟，都于事无补。

2013 年，一本名为《表达方式占了九成》的书成了畅销书。我在这里想借用其标题对包括商业顾问在内的商务人士说，“工作成果的 90% 由‘听’和‘问’决定”。

▷ 任何人都能掌握的方法

大多数商务人士更注重“表达”“讲演”等技能，而如此重要的“听”和“问”技能，却往往不受重视。书店里有许多关于“表达方法”“讲演技巧”的书籍，但是关于“听”和“问”的却寥寥无几。

造成这种局面的原因有很多。原因之一就是与“讲演”或“制作资料”等向对方传递信息的“输出能力”相比，“听”和“问”这种“输入能力”的高低很难被表面化，所以才会被人所忽视。

例如，当客户对我们的提案面露难色时，我们往往会反思自己的分析和思考环节——“是不是提案的内容有问题？”，抑或是在讲演的环节寻找问题——“是不是我们的表述有问题？”，却很少有人反思“听”和“问”的环节——“是不是我们问得还不够详细呢？”。因为，从“听”和“问”环节到最终得出结果，这之间差了很远。所以，人们很难将工作进展不顺利与“听”和“问”联系起来。

此外，为了做到更缜密地分析与讲演，人们更愿意提升“过程处理”与“输出”的能力。当然，即使将这些技能打磨得再好，如果对最初承担输入作用的“听”和“问”不够重视，无论到什么时候，都只能是重复相同的结果。

另一大原因就是人们倾向于认为，“听”和“问”这种行为本来就难有擅长与不擅长之分。或者说，方法因人而异，不可能通过简单的训练提升。

确实，有些人生来就是“听”和“问”的高手，而有些人则是通过人生的历练之后，不知不觉间领悟到了这种技能。即便不属于这两种情况，任何人也都能通过学习方法论和技巧来强化自己的能力。

正如前面所说的，“听”和“问”之于商业顾问是非常重要的。不过，这些都要经过后天的学习和训练才能获得，除了一小部分有天赋的人以外，大多数商业顾问在事业的初期也是不太重视“听”和“问”的。那些立志要成为精英的年轻人，往往对自己的能力抱有过分的自信，他们总是固执己见或说着一些刚刚学会的“框架”内容，最后都免不了被前辈或上司一顿训斥，甚至还会激怒自己的客户。有了这些经历之后，才认识到“听”和“问”的重要性，然后开始学习这方面的知识来提升自己的技能。很多优秀的商业顾问都不是天生的交流高手，他们都是在后天认识到了“听”和“问”的重要性，才逐渐强化这一技能的。

▷ 本书的目标

我从 1998 年入职普华永道会计事务所以来，从事了近 15 年“商业顾问”的工作，为了提升自己“听”和“问”的能力，我一直在不断地学习与实践。此外，我还进行了超过1000人次的商业顾问培训。其中，我一有机会就会向他们强调“听”和“问”的重要性。

在本书中，我希望能向商业顾问以外的人，介绍这方面的知识与技巧，因为这对任何人来说都是非常有帮助的内容。

在第1章中，我会就“听”和“问”环节的意义以及重要性进行解说，还会帮助大家梳理“为什么迄今为止‘听’和‘问’环节都不被重视？”“为什么说今后‘听’和‘问’环节的重要程度会越来越高？”

在第2章中，我将会介绍如何营造能让对方更愿意表达的环境与氛围。“和他人谈话”和“在互联网上搜索信息”是完全不同的两码事，能否让对方变得“想要表达”，会直接影响谈话内容的质与量。我会教大家即便是遇到初次见面的人，或者偶尔不愿配合的对象时，也能让他们变得“想要表达”的小技巧。

在第3章中，我将会介绍如何在有限的时间内，正确获取到必要的信息。“听到了各种各样的内容，但是真正有用的信息却很少”——这在商业场合就是不及格的表现。能力达到一定程度的商务人士，都不会只关注工作中的“量”，也会对“质”有所要求。所以，他们关注的不是“交谈了多少”，而是“得到了什么”。在商业顾问的圈子里，他们都认为，这一点是提案能否打动客户的关键，越是成功率高的顾问，在这点上就越是擅长。

在第4章中我会结合几个不同场景，对沟通方法的要点进行具体介绍并对此前的内容进行复习，以及就如何运用到实战中的注意点进行讲解。

在最后的第5章中，我将会介绍“问”的内容，即身为领导者或管理层应掌握的，能够调动起个人或组织的启发式提问技巧。无论多么优秀的提案，当决定“就这么办”后，都会存在不如实去执行的可能性。不，可以说，这种情况很常见。虽然明白对方所说的是“正确的事情”“不得不去完成的事情”，但个人或组织总是不能如实行动。这种时候，与其下达强制命令——“去完成！”不如通过提问的方式调动对方的积极性。这种方法当然是商业顾问所必需的，同时也是管理者必须掌握的技能。

虽然有一点点难度，但是当你掌握了承担输入作用的“听”的方法后，还请务必挑战一下承担着输出作用的“问”的方法。

请参考本书中所介绍的知识，提升你“听”和“问”的能力吧。这项技能，不仅能让你在商业场合收获成果，也会在日常生活和漫长的人生中，给你带来非常积极的影响。

如果本书能对你有所帮助，我亦将幸甚至哉。

目录
CONTENTS

第 1 章
“会听 + 会问”帮你更新人脉数据库

第 2 章
让对方的“不”在不知不觉中变成“是”

第 3 章
创造“一击即中”的词语攻势

第 4 章
“听”与“说”的完美互动

第 5 章
一个好提问能迅速拉近关系

第1章

『会听+会问』帮你更新人脉数据库

工作中真正重要的技能，正逐渐被重视起来。

LISTENING
ASKING
TALKING

01

会不会提出好问题是事情成败的关键

▷ “输入”决定“输出”的质量

在商业场合中，为了制定决策时不出现失误，前期必须获得充分的信息。也就是说，这取决于你能否在合适的时机入手正确的信息，而且还要做到毫无偏差和数量适当。

要想不多不少地获得必要的信息，首先应确保在初始环节有一个正确的起点，之后再进行分析、思考对策、实际执行等环节。如果你跳过了初始环节，直接从后面的环节入手，不仅会浪费时间，而且还会把自己引向错误的方向，导致自己为达目标而付出的努力徒劳无功。后面再要修正轨道又需要耗费很大的精力，还有可能会返工。

实际上，要做到不多不少地获取必要的信息抵达正确的

“目的地”，并不是那么容易的事情。当你认为“只要搜集这些信息就够了”时，又会有新的（而且很重要的）信息冒出来。并且，你已经入手的信息有可能是错误的、碎片化的。我想大家应该都有过这样的经验吧。

输入的信息决定了我们工作的起点，也会影响到我们能否抵达正确的“目的地”。商业活动上的成果，往往取决于你能搜集到多少准确的信息，也就是说，主要看你能否做好输入的环节。这一点也不言过其实。

▷ 与人沟通和网络搜索是截然不同的

最近，一说到搜集信息，人们马上就会想到使用互联网。但无论是以前还是现在，**在商业上能产生决定性差异的，依然是从他人口中问出的信息。**

这么说的理由主要有两点：其一，互联网上的信息基本上属于任何人都能获得的。因此，与他人相比不存在所谓的差异性。而且，无论任何时候，互联网都能及时处理海量信息，确实已经改变了整个社会。以往只能由一部分人掌握的信息，现在变成任何人都能很轻易入手的了。

但是，这种改变对于每个人来说都是相同的，因为使用网络，让所有人都能获得相同的信息。虽然，现在互联网上信息数量已经达到了天文数字，但是这些信息不能作为我们在商业场合制定决策的关键性信息。

另外，“询问他人”的行为，会根据提问的方法和对象的不同，而呈现出很大的差异性。在商业场合中，我们有很多机会向客户、商业伙伴、上司或部下进行提问，很多时候，信息只能从“他人”那里获得，这才是决定成败的关键因素。这就是我想说的第二个理由。

可以说，**在商业场合中接触到的每一个人，都是能给你带来大量且宝贵的信息“数据库”**。这与只敲敲键盘就能冒出信息的互联网是完全不同的。如果对方不想回答，无论如何我们都问不出信息。而且，与网络搜索信息这种可以不断试错的方式不同的是，与他人交谈时，我们只有这一次机会，必须提出适当的问题才行。

像这样，“听”和“问”的环节要远比用网络搜索来得重要。熟练掌握“听”和“问”的技能，不仅能得到有用的信息，还能有预想之外的收获，如对方表示“这么说来，那件事情可能也会对你有帮助吧”。

怎么样，现在你能理解我为什么说“听”和“问”的能力会带给你巨大的差异了吧？

02

缺乏共同语言的时代已然来临

▷ 低语境社会所必需的“听”和“问”

前面我们已经介绍了在商业场合中，“听”和“问”的能力有多么重要。而我认为，今后这项能力会更加重要。其理由有以下三个。

第一个理由就是，从“高语境社会”向“低语境社会”的转变。也许有的读者对“语境”这一说法感到陌生，其指的是“共通的语言、知识、体验、价值观、嗜好”。

“高语境社会”是指人与人之间共享性很高的一种社会状态，双方都能察觉对方的意图，不需要再做任何沟通的交流环境。用语言来形容就是“无须多问”“闻一知十”“知己知彼”等。例如，以前在公司里，上司会对部下提出非常模糊的指示——“按老样子，把这件工作做好”，部下只要仔细揣摩领导的意思，再去实际执行就可以了。很长一段时间里，人们都是这样的工作方式。而且，这样做也没有出现问题，到底是为什么呢？因为那时的工作节奏比今天要慢很多，一起共事的成员很少有变动。所以，成员之间有很多共享的前提条件。因此，那是一个“高语境社会”环境。

反之，在“低语境社会”中，由于人与人之间缺少了可共享的内容，所以必须对“前提”“定义”加以确认，即通过语言上的交流，确定对方所表达的含意。在全球化的商业环境中，我们要与各种各样的人打交道，可以说这是一个“极端的低语境社会”。同以往相比，不仅是跨国企业，即使是一般的企业，由于它们之间更加频繁地兼并重组，雇佣制度和形式的多样化，员工跳槽的常态化等，使得工作环境也正在转变成“低语境社会”。此外，以往按照“行业”“职业”等划分的群体原有的前提和语境逐渐消失了，形成了壁垒，导致“高语境社会”正在土崩瓦解。

在这个过程中，如果我们再像以前那样无须多留意对方的话语，仅靠“默契”已经无法推进工作了，到后面还会发现彼此的认知存在巨大的差异等问题。我们也很难向客户提供有价值的服务。

所以，在现今这种“低语境社会”中，对我们每个人的“听”和“问”有着更高的要求。

▷ 客户的需求比价格和功能更“主动”

第二个理由就是，现今仅靠“说”已经很难表现出商品或服务在功能和价格上的差异了。我们更需要通过“听”和“问”让对方产生“愿意与我们做生意”的想法。所以，这对于“听”和“问”的能力也同样提高了要求。

如果商品或服务在功能或价格上拥有压倒性优势，那么，我们只需要将这一特点表达清楚，就能体现出与竞争对手的差异。但是，在现代的商业环境中，无论多么优秀的商品都会很快被竞争品追赶上，然后陷入价格竞争中，而我们仅靠提案的内容或者商品的功能、价格等，已经很难再体现出决定性的差异了。利用互联网很容易就能搜到相关的参数，并进行价格的比对，在这种状况下，无论我们如何推销和宣传，都很难让客户选择本公司的产品或服务。

所以，我们应该另辟蹊径，将关注的重点放在“听”和“问”的环节上。**人们都有“希望对方能听我说话”的表达欲。**所以，在功能与价格已无法体现出压倒性差异的情况下，运用娴熟的“听”和“问”技巧，让对方产生“愿意购买该产品”的想法才是制胜的关键。

通过“听”和“问”也能非常有效地满足人们的尊严需求。关于这一点，可以通过美国心理学家亚伯拉罕·哈罗德·马斯洛提出的“需求层次金字塔”进行解释说明。位于该金字塔的第一层是"生理需求"，即"食物""睡眠"等最基本的生存需求；第二层是"安全需求"，即"健康保障""可以遮风避雨的家庭"等能让人安全、安心生活的需求；第三层是"社会需求"，即对归属于集体或伙伴关系的一种需求；第四层则是渴望被他人认可和尊重的——"尊严需求"；在金字塔最上层的是能够发挥自我能力，进行创造性活动的"自我实现的需求"。

通过"阐述"（提案）功能、价格、品牌价值等所能满足的需求，仅限于第一层至第三层，即"生理需求""安全需求""社会需求"。而在现代社会，这三个需求大多已经得到了满足，所以无论我们如何强调，都难以打动对方。但是，通过提升"听"和"问"的能力，我们可以成功营造出让对方愿意与我们交流的环境，就能够满足其更高层次的需求，即"尊严需求"。能否抓住对方的想法将是制胜的关键。这么看来，"听"和"问"的能力完全可以作为竞争激烈时代的一项"武器"，今后你将逐渐体会到这个环节产生的效果。

▷ "意外收获"催生崭新的想法与动机

第三个理由，就是通过"听"和"问"能提高"意外收获"的概率。"意外收获"就是指我们在探寻某个事物时，意外地收获了另一个同样有价值的事物。简单来说，就是一个偶然的契机给你带来了灵感，然后你要有抓住这一机会的能力。在发挥这种“意外收获”的能力上，“听”和“问”具有强大的威力。

20 世纪的商业环境要求人们以更高的效率完成同样的工作，人们所遇到的问题与课题都不是太复杂，仅通过有限范围内获得的信息，就可以思考出原因与解决对策。但是，21 世纪的商业环境中，问题已经变得更加复杂化了，甚至连“弄清楚哪一个才是需要解决的问题”都是个问题。因此，如果输入的信息不够广泛和深刻，我们是无法解决问题的。

前文中也提到了，不同于互联网搜索，我们同他人交谈的行为，本身就包含不确定的要素。我们有可能会从中获得预想之外的信息，虽然在当时没什么用处，但是之后可能会让我们催生出一个更大的想法。你可能也有过这样的经历吧？这种偶然性中就含有“意外收获”的种子，最终也将成为我们与他人最大的差异性。

03

现场“听”“问”胜于一切PPT

▷ 你以为“一次不错的交流”，实际上……

近年来，我感觉到了“听”和“问”的能力呈现出衰退的趋势，不仅是商务人士，就连一向擅长于此的商业顾问也不例外。

我曾经从某位合伙人那里听到这样一个故事。他的一名部下与客户讨论提案的方向性时，他正好也在场。而这名顾问竟然都没有给客户说话的时间，只是自顾自地夸夸其谈。

客户刚表示“我们的业务是……”时，这名顾问就做出一副不想听客户把话说完的样子，抢过话茬儿说：“也就是 ×× 啊。贵公司的服务正面临着 ×× 课题……”渐渐地，客户的反馈越来越少，甚至无话可说，然而这名顾问却丝毫没有留意到这一点。不仅如此，在会谈结束后他还感到很满意，认为“今天完成了一次不错的交流”。

虽然，这位合伙人及时提醒他“不能不让对方说话”“要多问问客户”，但是当事人后来还是没能养成“多听多问”的习惯。除了商业顾问以外，这类问题在一线的销售人员身上也很常见，他们自始至终都在一味地介绍自己公司的产品或服务，我想大家应该都遇到过类似的情况吧？！

▷ 华而不实的幻灯片

我曾作为商业顾问培训部门的负责人工作了近十年时间。其间，我也注意到，这样的问题变得越来越多——作为研修练习而提交上来的提案书或报告书，虽然版面和格式都做得很漂亮，但是内容却不够深入。幻灯片软件越来越智能化，可供参考的模板也是随手可得。因此，人们对于制作资料的技能，似乎不再像以前那样高要求、高水准了。

某天，我在上提案书制作的研修课时，想明白了其中的缘由。那次研修是以角色扮演的形式进行的，由课程讲师扮演客户，学员们负责对其进行访谈。然后，再基于交谈的内容制作提案书并发表。

研修课结束后，其中一名讲师给出了这样的评价：

我特地就业务或课题提前准备了大量的信息，就等着学员们来提问，但是他们好像都没有问到点子上，学员们最终只问出了 10% 的信息。我原本的设想是双方进行访谈，大多数人却只顾着自言自语。我注意到不懂得提问的学员，变得越来越多了。

仅仅基于 10% 的信息制作的提案书，和在了解了客户的潜在需求等信息后制作的提案书，二者在质量上的差距自然不用多说。

实际上，“问”的能力到底衰退了多少，这是无法被精确量化的。但是，我们确实深刻体会到了这种能力的“退化”。

▷ “退化”的原因

我认为，“听”和“问”的能力之所以退化，主要原因可以归结为以下三点。

①拼命解释抽象概念

第一点原因，在商业场合中，提案书或发言中所用到的都是像“价值”“解决方案”这样的抽象概念，会给工作带来很大的压力。

我做商业顾问时，参与过很多客户企业的经营改革项目，当时所提出的口号就是“并非卖东西，而是要向客户提供价值”。所以，我对这些商业顾问的要求是，要能针对客户所遇到的问题提出假设，然后给出相应的意见，即解决方案。我要求他们制作出提案书，然后训练他们通过幻灯片讲演的方式，向客户传递这种“价值”。

近年来，特别是在服务业领域，无论对什么样的企业，顾问们都会给出这种解决课题型的提案。而这些“价值”或“解决方案”都是无法用肉眼看见的东西，因此说明起来非常有难度。但这又是必须传递给客户的内容，所以顾问们肩负着很大的压力，这时他们往往会忽视了“听”和“问”这一最初的环节。

当然，解决方案本就是用来“解决某某问题的”，所以，有必要先了解一下对方。但是，我们经常会见到这样的情况——无论是对谁，都强行灌输“你的问题是 ××，应当……去做”这种假设与解决对策。即便如此，对方也可能不会接受我们的意见。此时，顾问又会反思“是不是我表达得不够清楚呢”，然后又进一步说明，这就陷入了一种恶性循环。结果，向对方提问的机会相对地减少了，而自身的提问技巧也无法得到锻炼和提升。

另外，某些顾问在发表意见时，**总是把“不能给对方留下能言善辩的印象”视作自己的一种压力，但这样一来，就会让自己的话变得越来越多**。现今，市场已经饱和，商品或服务本身难以体现出竞争优势，只能靠“价值”或“解决方案”一决胜负，也导致了顾问们变得话多起来，忽视“听”和“问”的情况却变得愈加明显。

②“手册化”操作的弊害

第二点原因，就是“手册化”操作的渗透。操作手册多用在服务行业里，为了让毫无经验的员工也能完成操作流程而制作的。制定的手册是为了实现业务的标准化，确保服务的品质，避免由于人为因素导致的问题。因此，这是必不可少的。

现代社会，“手册化”往往被视作一个企业是否先进的证据。但是，如果过分依赖，就会变成“唯手册论”，从而失去自主创意的独立性，也会减少积极听取对方心声的念头。另外，在工作中面对客户的投诉时，为了平复客户的情绪，比起说些开导性的话语，倾听对方才是更重要的。因为，解决问题的切入点大多就隐藏在对方的话语中。但是，如果我们只会“手册化”地死板应对，可能会让客户的情绪进一步恶化。

大型咨询公司里都会存在所谓的“方法论”（套路），就是将解决问题或项目实施过程中的知识系统化。所以，有很多全球规模的组织专门开发这方面的内容，员工通过学习这些内容就可以提升自己的经验。但是，所谓的“方法论”并不是只要简单地照做就一定能获得成功的，还需要结合具体的状况，做出必要的个性化修改。不过，我发现很多时候人们还是会优先选择使用各种套路。

操作手册、方法论里汇集的是许多人的智慧，在一定程度上，确实是值得利用的资产。但是，我们也要意识到，标准化的效率也会导致我们丧失独立性。

③大家都难以意识到的“听”和“问”

第三点原因，即“听”和“问”的能力不足难以被表面化，所以强化这个技能往往有一定的滞后性。判断某人是否擅长表达，只要听一听他说的话便能知晓；制作材料的水平高低，也能一目了然。可是，判断一个人是否擅长“听”和“问”就没那么容易了。有的人很善于提问，但平时却表现得沉默寡言；有些人能与对方交谈甚欢，但很少会真心地倾听对方说话。这种差异最终会在输出的环节中反映出来，如表达方式或制作的资料质量。因为这中间存在着时间差，所以连我们自己或周围的人都很难意识到是“听”和“问”的方法出了问题，更不会想到要提升这方面的技能。

从企业研修的内容来看，很多都是针对输出环节的培训，但是关于“听”和“问”的方法——这一能左右输出环节的重要技能，却鲜有相应的培训课程。虽然针对“企业导师”这样以倾听为主的职业，或者作为销售员和管理层研修的一部分内容，会涉及一些有关“听”的技巧，但仍旧不全面。

04

“倾听”与“聆听”是可以被训练的技术

▷ 如果“听”的能力很弱，在“思考”“表达”方面也会很弱

正如之前所说的那样，若干原因导致人们在很长一段时间内不能意识到需要强化“听”的能力。随着现代商业的复杂化和高端化，这种能力不足的问题变得越来越明显。

近年来，很多人都为了学习商业技能选择一边工作一边念MBA或进行其他在职教育。就连那些想要进入商业顾问公司工作的应届毕业生，为了强化自身能力，也会选择在校期间就自学关于制作资料、做讲演和逻辑思考的课程。但是，如果位于初始环节的“听”的能力很弱，那么，不管我们掌握了多少思考和表达方面的技能，都很难完全发挥出来。

我之所以写这本书，就是想对商业顾问所掌握的“听”和“问”的能力进行一次系统性的梳理，让各位能意识到其重要性。就如同人的肌肉一样，如果不去有意识地加强锻炼，就会逐渐衰退。希望本书能让你学到“听”和“问”的方法，并有意识地锻炼这些能力。

▷ “倾听”与“聆听”

这里所说的“听的方法”“听的技巧”具体是什么意思呢？在本书中，会将“听”的行为，分为“倾听”和“聆听”这两部分进行说明。我们通过提升这两部分的能力，可以让对方愿意与我们沟通和交流。而且，我们也能更有效率地询问出必要的信息。

·“倾听”（Hearing）：**让对方愿意与我们交流，赢得对方的信任。**

·“聆听”（Listening）：**准确获取必要的信息，验证我们心中的“假设”。**

05

“倾听”：让对方愿意表达的技巧

▷ “倾听”决定了对方是否愿意与我们交流

首先来说说倾听的方法，这也是最基本的技能。这是一项不仅能够营造出让对方敞开心扉的环境与氛围，也能让我们做好向对方提问的心理准备，构建起相互信赖关系的能力。这么说你肯定难以理解吧。一言以蔽之，就是让对方愿意与我们交流的能力。

例如，有些人会一边与对方交谈，一边在笔记本电脑上不停地打字——这么做并非出于什么恶意，而是觉得“难得有一次交流的机会，一定要把对方的话都详细记下来”。但是在对方看来却是：“明明是面对面交流，这个人却只盯着电脑屏幕。”给对方的感觉很不好。结果就是，对方失去了积极交流的兴趣。

这样一来无异于本末倒置了。

人们会因为对方在认真倾听而“愿意再多说一些”“愿意说些有用的内容”，或者反过来变得“不想再交流了”“随便敷衍一下算了”。当然，我们肯定希望的是前一种情况。因此，“倾听”的方法就很重要了。

另外，当商务人士不再是学生时，很多时候不得不与难对付的或不投缘的人交谈。如果你只能和朋友或亲近的人相谈甚欢，却不擅长跟其他人交流，你肯定不适合这份工作。倘若你对“倾听”这件事没有自信，或者总是表现得很失败，最好还是先强化一下自身在这方面的能力。

就像之前提到的，商业顾问并非天生就善于倾听，很多都是针对“倾听”进行过专门的训练，然后才能有意识地运用这一能力。这不是一项用来炫耀和卖弄的技能，而是要能将其融入日常漫不经心的行为举止中，通过自然流露，为对方营造出一个更愿意表达和交流的环境。例如，对会议室或座次的考量，在交谈中恰如其分的随声附和等。有些人天生就具有这样的能力，但更多人还是通过后天的训练才掌握的。认真倾听，让对方产生“愿意同这个人聊聊”的心情，才能建立起彼此信赖的关系。

反过来说，没有掌握“倾听”技巧的商务人士，是难以开展工作的。我们的客户花费了不菲的代价，结果却感觉“这个人总是问不到点子上”，那么他肯定会毫不留情地将这个顾问换掉。

▷ 让初次见面的人、不愿意交流的人敞开心扉

倾听的技巧或者说让对方愿意与我们交流这件事，为什么显得如此重要呢？关于这一点，我想再稍稍进行说明。

第一，在商业场合中存在着时间限制。假如没有时间限制，我们可以花几年的时间与对方慢慢培养良好的关系，然后再问出信息。但是，在商业场合我们必须做到，即使是初次见面的人，也要尽快地让其敞开心扉，愿意与我们深入交流。否则，我们在面对“公司改革”等紧急事态时，就会错过时机；在推出新的产品或服务时，就有可能被其他公司抢占先机；等等。虽然我们没有必要太过着急，但是尽早赢得客户的信赖，确实是最重要的一件事。

第二，对方可能会表现出不愿意配合的态度。可是，如果我们说“因为客户不愿意配合，没能得到所需信息”，就显得我们太不专业了。

现实的问题是，当商业顾问来到客户企业的一线现场时，等待着我们的并不都是正面的反馈。往往只有企业的管理层会期待商业顾问带来改革与问题分析；一线工作的员工大多不会对顾问有好印象，他们会觉得“这些外来者想来做什么”“明明他们对一线的业务一无所知”，甚至有人一听到是“外资咨询公司派来的商业顾问”，就表现出厌烦的情绪或恶劣的态度。

尽管我们身处“非欢迎”的氛围，也要尽早地融入对方的

环境。否则，在最后的报告会上提出解决问题的方案，我们就难以获得客户企业的认同。因此，**首先要做的就是通过“倾听”赢得对方的信任**。如果我们总是一味地自说自话，就像是在告诉对方“我们是来指导你的”，对方就更不愿意与我们交流了。

无论是实施经营改革，还是任何项目，首先如果不能让对方愿意交流，我们肯定无法将工作推进下去。先不说什么入手必要的信息，或者进行分析从中获得启示，如果在一开始无法得到对方的信任，那后面的这些环节就都是空谈了。

不仅是商业顾问，对于大多数的商务人士来说，这都是同样的道理。关于“倾听”的内容，我将在第 2 章中着重进行介绍。

06

"聆听"：在有限的时间内问出必要信息的技巧

▷ "聆听"会改变信息的质与量

"聆听"的技巧，就是指在有限的时间内引导出必要信息的能力。有时，即使对方愿意与我们交流，但如果聆听者不会引导，依然无法保质保量地得到所需要的信息。

商业顾问在进行课题研究、业务分析、市场分析等调研时，经常需要进行访谈。即使面对同样的对象、同样的内容进行询问，能否运用好"聆听"的技巧，也会使所获信息的质与量产生很大的差异。有的人能够引导对方说出心底的真实想法或需求；有的人却只能获得在互联网上都能搜索到的基本信息。因为得到的信息太少，而且内容仅仅停留于表面，这会让你之后输出的环节也变得不够深入。正所谓**没有优质的输入，就没有**

优质的输出。

为什么会产生这种差异呢？问题还是出在“聆听”上。首先，现在的商务人士工作都很忙碌，时间有限，所以几乎不可能进行长时间的访谈。这就要求商务人士具有在短时间内，准确引导对方说出所需信息的“聆听方法”。

另外，对方常常也不清楚“应该说什么”。当你认为“那个人什么有用的信息也没有给我们”时，可能并不是对方没有信息，而是你在“聆听”方面可能出了问题。有时，即使对方并非出于恶意，也有可能在表达上会有一些模糊之处，或者省略太多内容。但是，重要的信息往往就隐藏在这些内容中。所以，我们必须掌握从会话中引导或发现必要信息的聆听方法。

为了提高聆听的效果，我们要事先充分了解对方，做好准备。然后运用逻辑思考，设计好相应的问题（假设）。关于这些内容，我将在第 3 章中着重介绍。

▷ 尽早验证假设，才能最快想出对策

换个角度来看，聆听的能力也可以说是“尽早验证假设的能力”。与亲朋好友之间的闲聊不同，我们在商业场合听对方说话时，内心都会带着一些“假设”。

“这家企业遇到的是这种令人烦恼的问题吗？”

“这个人在寻找的商品是这样的吗？”

“有了这个以后，大家就都高兴了吗？”

“是因为遭遇了这件事以后，大家才感觉情况难办了吗？”

在商业场合中，我们为了思考出解决对策必须先提出假设，然后再进行验证。但是，**如果我们想提升验证假设的精度与速度，就得先强化“聆听”的能力**。

抛出一个准确的问题，从而引导出有益的信息——这样才能让我们对“假设”的正确与否，做出更加准确的判断。另外，高效率地沟通，也就是在短时间内就谈到点子上，实现最快验证假设，然后通过多次的验证，提高“假设”的准确度。

不管我们多么善于让对方产生“想同这个人聊聊”的想法，也不管我们多么善于做讲演，如果所说的关键内容都得不到验证，我们就无法抓住客户真正所面对的问题，也不能让客户对我们的工作感到满意。在商业顾问的圈子里有这样的说法：无论与客户构建起多么良好的关系，你的提案都有可能不被采纳（被驳回）。随着我们与客户关系的不断深入，客户需要的自然是更深层次的建议。“虽然我们得到了给出提案的机会，但是该提案却被驳回”的最大理由，可以说就是“聆听”的环节没有做到位。

第2章

让对方的『不』在不知不觉中变成『是』

锻炼『倾听力』

ASKING LISTENING TALKING

LISTENING
ASKING
TALKING

导语

要想做到让对方“愿意同这个人聊聊”“觉得双方很容易交流啊”，还是需要一些技巧的。善于倾听的人会在有意或无意间，组合使用这些技巧。

只要记住这些知识并运用好它们，那么即便是初次见面的对象，也会愿意积极主动地与我们交流。

这不仅能让我们获取必要的信息，也能构建起双方的信赖关系。

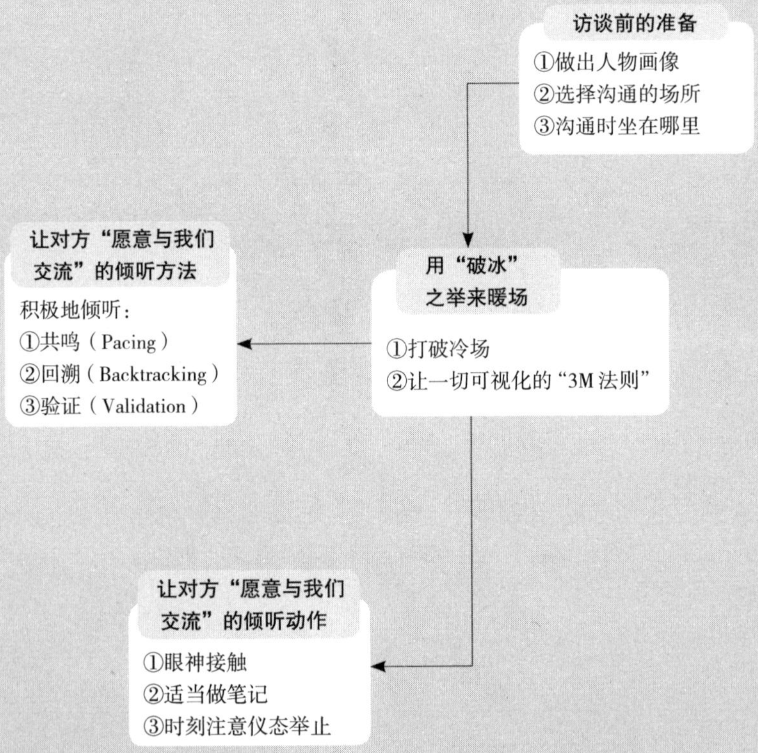

01

巧用“人物画像”整合信息

▷ “因地制宜”

在和对方沟通前，我们应该事先了解一下对方的基本情况。如果是对方已经在公开场合发表过几次的内容，我们再去讨论，不但是在浪费时间，而且会让客户质疑我们工作的态度和能力——“连准备工作都没有做吗？”反之，如果我们提出的问题让对方难以回答，又会使得对方产生不信任感——“为什么要来问我这个呢？”

为了让对方愿意与我们交流，也为了让这段访谈的时间对双方都有意义，我们需要事先了解对方的情况，并预先想好要讨论的问题和讨论的方式，这种技巧被称作“人物画像”。

“人物画像”原本是在犯罪搜查领域使用的一个术语，是指为了给逮捕工作提供帮助，通过犯罪嫌疑人留下的痕迹，推理出人物的形象。而在商业访谈的语境下，指的就是“根据对方的社会地位、职务、履历等分析，明确应该讨论什么问题，设计出更有效的交谈方法”。

▷ 如何制作客户的人物画像

制作客户的人物画像可以利用“人物画像表格”。我们可以将客户的信息，按照横纵坐标轴进行区分把握。纵向是以时间先后排列的信息，即从过去到现在的履历；横向则是当前所能了解到的状况。横向信息搜集得越多，访谈时能够聊的话题范围也就越广。如果我们实在搜集不到什么信息，至少要了解到对方目前正在从事的工作，即眼前业务的相关内容。接下来，我就来介绍各个栏目的填写方法。

在“社会地位”一栏中，主要汇总的是横向信息。例如，在公司里的职务、负责的业务、组织内的人际关系情况等。还有一些与工作无关的个人信息，如果感觉有参考价值，也可以写在这一栏中。

在“背景资料”一栏中，主要汇总的是纵向信息。具体来说，就是指个人履历、外部环境、工作上的特长领域、行事风格等个人的行为特点，以及自我认知等信息。在这一栏中，写下我们所搜集到的或者推测出的相关信息。

社会地位

- A 的职务、负责的业务
  营业部营业企划，负责加强营业环节的政策实施
- 直属上级
  P 董事、B 部长
- 在组织中的位置
  · 营业改革推进派
  · 对立关系：B 部长
  · 伙伴关系：C 课长
  · 其他关系：与 B 部长同时期进公司
- 其他信息
  · 爱好打高尔夫

背景资料

- 履历（环境）
  外资制药公司 5 年
  ×× 分店 营业课长 3 年
  负责营业推进 1 年
- 擅长领域
  成本管理、营业指导
- 行事风格
  亲力亲为、从不偷工减料
- 自我认知
  自认为是改革的领导者

访谈的方针

基于 A 在外资制药公司的从业经历，询问他对目前业务中出现问题的认识。

破冰：外资制药公司的最新新闻。
参考信息：上一年度政策实施的报告书（特别是实施效果）。

访谈内容摘要

业务：A 认为外资公司的做法，也未必全都是正确的。而关于目前的强化策略，感觉仍有不足之处。所以他的意见是，打算在上半年实施短期能见到成效的政策。

个人：女儿很喜欢看连续剧，对历史也很感兴趣。打算利用暑假一起去历史景点参观。

人物画像表格

▷ 根据人物画像决定访谈的方针

当“社会地位”和“背景资料”中写入了信息后，我们就可以根据这些信息思考相应的访谈方针，包括打算从对方那里

听到什么，该如何和他谈话。例如，基于“社会地位”中的信息，我们可以讨论一下对方当前的工作目标，再针对他在工作中意识到的问题点进行沟通等。

也许会有人疑惑：“我明白事先了解其社会地位的相关信息很有必要，但为什么背景资料里连个人履历和行事风格等，也必须进行了解呢？”因为，对方一路走来所经历的环境（背景）会影响他对业务的看法和意见。所以，相应地，我们交谈的方法也要做出变化。

例如，如果对方是一个在行业中深耕 10 年的“老江湖”，我们就要针对他的深刻认识和看法提问；如果对方曾在各个公司都工作过，那么他对整个行业的情况肯定比较精通，我们就可以从企业间对比的角度，深度挖掘其回答的内容。像这样，要能根据对方的背景资料，改变我们提问的要点和方针，这一点很重要。

我们所思考出的“提问”方针，就可以记录在对应的栏目中。

▷ 搜集对方信息的方法

如何搜集有关“社会地位”“背景资料”的人物画像信息呢？

首先，最便捷的途径就是对方的公司官网或个人在社交网站上所公开的信息，我们能从中搜集到他的履历、目前的职务以及在许可范围内的个人信息等。这是任何人都能接触到的内容。

其次，如果条件允许，最好先和他的同事或部下聊一聊。像社会地位信息中的职务、背景资料信息中的行事风格、自我认知等，都只能从他身边的人那里问出来。如果是和行政部门的人打交道，最好是问他身边的助理或者秘书。

如果条件不允许，没办法从周围人那里获得信息，我们可以去问问其他公司里处在相同职位的人。例如，你的访谈对象是一名营业部部长，**可以事先和有着相似立场的人聊一聊**。一般来说，相同职位的人，大多也都拥有着相同的能力和烦恼。

▷ 将听到的信息记录在摘要栏中

事先对访谈对象做出人物画像，我们就能避免犯一些低级错误，比如，说出一些无用的内容或是说错话。而对方也会感觉“这个人对我很了解啊”，这样就会产生同我们交流的意愿。

另外，我们从对方那里听到的信息，不仅要记到自己的笔记本上，还要写到人物画像表格的“访谈内容摘要”一栏中。假如下次有机会和同一个人交谈，我们就可以回忆上一次聊的内容，这样能建立起彼此的信赖感——“原来这个人真的是很认真地在听我说啊！”

例如，在上一次的访谈中，对方提到“打算同女儿一起去旅行”的话题，那么下次再见面时，就可以问：“您和您女儿的旅行玩得怎么样啊？”沟通能力强的人会很自然地这么做。例如，善于待客的人，会把与客人的对话记录到客户档案卡上，以后在写电子邮件时，就会顺便提一下这些内容。

像这样，一点点地更新我们的人物画像表格。

02

读懂并利用现场的“空气”

▷ 营造便于沟通的环境

要想让对方“愿意与我们交流”，挑选一个与之相适应的场所也是很重要的。例如，在吵闹的咖啡店中，人们就不愿意聊一些有关详细数字的内容。还有，对方明明想要敞开心扉与我们说说心里话，你却回复说“邮件详谈”，对方肯定就不愿意再说了。

虽然，情况不至于发展到这么极端的程度，但是挑选一个能让人们“更方便表达的场所”确实是有必要的。沟通双方如果有着长时间建立的信赖关系，无论在什么样的环境中交谈，都不会有任何问题。然而，面对初次见面的人、心怀戒备的人，或者只是聊聊一般商业话题的人，我们应该好好考虑一下，如何挑选一个“更方便对方表达”的场所。

很多人都没有意识到这一点——即使面对同一个人提出同一个问题，由于场所的不同，他所给出的回答也会发生变化。因此，商业顾问要有意识地根据想问的信息，选择是在自己公司做访谈，还是到对方的公司做访谈，抑或是换一个不同的环境会谈。

▷ 读懂现场的“空气”

“无论在什么场所交谈，同一个问题得到的回答都应该是一样的啊”，有这种想法的人，我希望你能重新认识一下“氛围”的重要性。因为，**即便你问的是同一件事，换了不同的场所，对方所说的内容肯定也会有所改变**。

“改变氛围”既可以单纯地指改变物理的场所，也可以指逻辑上的聊天氛围发生了变化。有时，我们也将其叫作整个场合的“空气”。所以，我才会经常说要“读懂现场的空气”。当氛围改变了以后，人们所表达的信息或情感也都会跟着变化。

例如，在办公室这样的氛围中，人们交谈的内容往往都会比较正式，这是因为现场流动着紧张的“空气”。如果是在咖啡店里，人们聊的都是很琐碎、很生活化的内容，因为现场流动着令人放松的“空气”。

像这样，我们就能根据访谈的对象和主题，思考如何构建一个相对适合的氛围，让对方愿意与我们进行交流。

一般来讲，首先要思考的是逻辑上的氛围，然后再根据思考的结果，挑选相应的提问场所。

▷ 何时远离或接近客户工作的场所

这里来看几个例子吧。一般访谈的时长大多在30分至60分钟，根据我们所聊的内容，会分别选择是远离客户工作的场所，还是就在客户工作的场所中进行。

“远离客户工作的场所”，就是指在物理上拉开距离，这样能让对方对整个业务或组织拥有一个客观的视角，更好地梳理现状和应改善的地方。如果是在有上司或同事的环境，对方的头脑就很难进行这种思维转换了。

一旦对方远离了职场环境后，我们就能从他那里听到平时不会说的真心话或基于大局观的意见。我所供职的商业顾问公司在伊豆拥有一栋很气派的房子，我常邀请身居要职的客户来做访谈，能从谈话中了解到各种意见或课题。

反之，当我们想获得非言语化的信息，或者想深入了解客户时，只有到客户工作的场所中，才能了解得更透彻。我们可以选择在他工作单位的会议室中进行访谈，从而获得“从事的是何种业务？”“平时工作有多忙碌？”“办公室是什么样的状态？”“能够进行怎样的沟通交流？”等信息。这些信息都是很难通过言语来交流的。而且，我们在谈话中提到“具体来说，是指什么呢？”时，对方很可能表示“啊，我拿来给你看看吧”，然后带我们去看他的办公室或者一线业务的现场。因为我们能直接看到对方工作的场所，就可以问：“刚才，我在来的途中看见了 ××，请问那是什么？”

如果想更好地帮助客户完成梳理的工作，我们让客户远离平时身处的环境；当我们想更为细致地了解客户的状况时，则要主动接近其工作的环境。像这样挑选不同的物理场所，从而让对方更愿意与我们进行交流。

03

找到顺畅交流的最佳座位

▷ 为什么不能坐在对方的正对面

说完沟通的场所，我们再来说说“谈话时的座位安排”。

我们都知道，**在谈话时“不能坐在对方的正对面”**。因为一旦坐在其正对面，会影响到对方想要表达的心情。

心理学家罗伯特·萨默曾做过一个著名的实验。他让参与实验的两人根据“会话”“协作”“竞争”等前提条件，改变座位的布局安排，然后分析其中体现出的倾向。结果发现，人们会根据与对方的关系、交谈的内容等，选择不同的座位或身体的朝向。

这个实验可以总结出几点挑选座位的方法：

① 坐在桌子的一角，可以进行最为放松的对话；

② 坐在相邻的位子，可以一起边看资料边提问，构建起一

种协作关系；

③ 选座位时保持能触碰到对方的距离，即“促膝聊天”的状态，离得越近越能拉近彼此心理上的距离。

▷ 一定要面对面坐时怎么办

相反，如果是“面对面而坐”，则是一种会带来对立和紧张感的座位安排。这样一来，对方就难以与我们交流，所以才要说“不能坐在对方的正对面（面对面）”。

话虽这么说，但有时受到房间布局、人员与椅子数量的限制等，我们难以避免地要坐在对方正对面的位置。这种情况下，我们可以将身体的朝向稍稍倾斜一些。仅靠这一个动作，就能避免完全面对面的尴尬，让对方缓解紧张感。

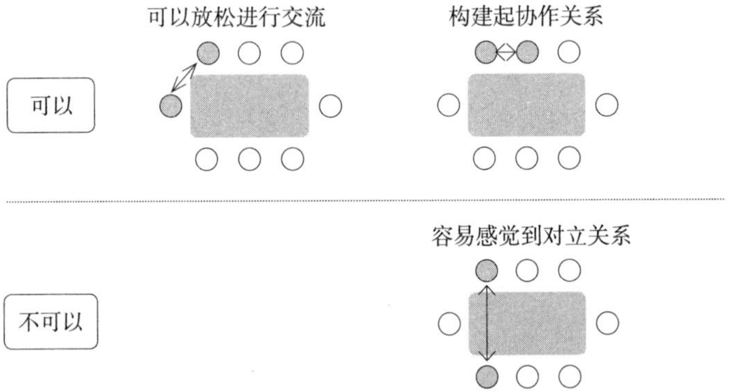

座位布局带来的影响

摘自：罗伯特·萨默，《人的空间》，鹿岛出版社.

04

教你找到破冰的 10 大话题

▷ 用闲聊化解紧张感

我们和客户初次见面或者根据具体交谈的内容，往往会让现场弥漫着一种紧张感。在这种状态下，即使立刻就进入主题，对方也很难与我们顺利地进行交流。这时我们要用的技巧就是“破冰”。

“哎呀，最近天气真是太热了，让人一点食欲都没有！”

“今天这条领带真漂亮啊，看上去整个人都年轻了，你在哪里买的？”

我们在与客户见面后，可以先闲聊几句——这绝不是无用的废话哦。在正式开始访谈前，通过闲聊缓和气氛和紧张感，对方能更顺畅地与我们交流。对方一旦愿意开口与我们闲聊，那么之后的对话也会更加顺利。所以，不要着急进入正题，试着找一些别的话题来闲聊几句，让彼此间做做“热身运动”。

谈话前先闲聊几句，营造一个让对方或者在场的人都放松下来，更容易进行沟通的氛围，这种为了达成目标而积极交流的技巧，就叫作“破冰”。如果把整个会场弥漫着的不安与紧张感比喻成“冰块”，我们要做的就是“打破这些坚硬的冰块，使其融化掉”，就像体育运动中的体操项目的热身一样，**我们为了之后的正式访谈，也应进行相应的准备**。

▷ 挑选“破冰”话题的方法

“破冰”成功与否的关键，就在于你能否挑中一个让客户愿意聊的话题。因为你是一个足球爱好者，所以不管见着谁都聊世界杯的话题，这样肯定是不行的。我们应该去寻找客户愿意聊的话题，如果正好聊到了对方心里，他肯定会很高兴。

因此，我们在制作对方的人物画像时，就要有意识地筛选闲聊的话题。在对对方一无所知的情况下，我们能聊的话题一般也就是“天气”了。但是，通过制作人物画像了解到对方的一些具体信息以后，我们就可以选择有针对性的话题，这样才能进一步缩小彼此间的距离，营造出一个更容易交流的氛围。

例如，虽然我自己几乎不看电视剧，但是通过制作人物画像了解到对方喜欢追 ×× 剧，我就会提前去网上了解关于剧集的情节梗概。然后，在跟对方聊天时，我就可以试探性地说一句“这周的 ×× 剧好像会有一个意想不到的人物登场呢”，如果对方听后很高兴地表示“是的！太令人吃惊了”，那么我就知道我猜对了。由于我们的目的不是让自己表达，所以没有必要去详细了解电视剧的剧情，只要知道个故事梗概就够了。人的心理都是这样的，当发现对方与自己有共同点时，会更容易结成信赖的关系。所以，像这样的共同话题，一定要尽可能地多找些。

还有，**对某个地方的相同记忆，也容易在彼此间产生共鸣**。我在做人物画像时，了解到我和对方都来自同一个地方后，就会努力去回忆在当地的经历，聊天时就可以这样说：“我也在熊谷市上过学，那里有家叫 ×× 的店铺，您听说过吗？”即便不是同一个地方，也可以这样展开话题——“您是京都人啊，这几天应该正好是举行‘葵祭’[①]的日子了吧？”这种场合不是靠临场发挥，而是事先搜索好话题，只需要在会谈前花几分钟的时间去网上搜一下就可以了，所以请大家务必试一试。

我挑选话题的标准就是：这个话题能让对方露出笑容吗？

---

① “葵祭”又被称作“贺茂祭”，是京都市贺茂御祖神社和贺茂别雷神社的祭礼。起源于钦明天皇五年（约 1400 年前）。

对方微笑就意味着内心的冰块融化了。而且，当我们看见对方微笑以后，自己身上的紧张感也会随之消失。

▷ 记住一些常用的话题

有时，我们从人物画像中可能会找不到与对方闲聊天的话题内容。此外，由于时间关系，很可能来不及做事前的准备工作就要去问对方问题。

这种时候，我建议大家先了解一些通用的闲聊话题，也就是每个人都会关心的内容，这些都可以成为“破冰”的切入点。请大家记住这些话题，然后试着运用吧。

这些话题是每个人都关心的，所以，对任何人来说都是“破冰”的切入点。

通用的闲聊话题

05

“3M”法则，让你的访谈可视化

▷ 交流者之间共享“3M”

当我们通过“破冰”让客户愿意开口交流以后，接下来要做的，就是将谈话的概要告诉对方：这次的访谈是出于什么目的；想就什么问题、以何种形式向对方请教；期待获得什么样的答案。像这样，**将沟通交流的全貌变成“可视化”的形式**，对方就可以提前做好心理准备，打消不安感。

如果不做这一步，访谈开始以后，我们就容易失去方向性，也不清楚该在什么时机说什么内容，而对方也只能试探性地做出回应。

事先阐明概要，在同他人交流时，我们就能更好地掌握交流的方向。具体来说，就是要让对方清楚“3M”，即“Meaning（意义）”“Mechanism（形式）”和“Message（信息）”。这是我所提倡的、用于讲演时的有效框架，也同样适用于对话的场合。

▷ 阐明访谈的“意义”（Meaning）

首先，来说第一个 M——“意义”。我们要向对方阐明两点意义：其一，这次访谈对于整体工作的意义；其二，对于被访者个人来说的意义。请看下面的例子。

今天的访谈，主要是为了调查 ×× 业务改革项目的现状，明确哪个环节出现了问题（对于整体工作的意义）。山田先生是因为精通该业务，才被选为团队领导的（听取山田先生意见的意义）。所以，我们很想利用这次绝好的机会，正式地请您谈一谈在日常工作中所发现的问题（对山田先生个人的意义）。

像这样，不仅强调了对整体工作的意义，也阐明了为何想听取对方的意见，同时也说明了这次访谈对当事者个人的意义所在。这样一来，对方才愿意交流。

▷ 说明访谈的“形式”（Mechanism）

接着来说第二个 M——“形式”，也就是这次的访谈将以什么样的形式进行。

例如，是希望对方对我们提出的问题做回答，还是基于我们所给出的框架，边看边找出问题点呢？抑或是不设定任何限制，想到什么就说出来的“头脑风暴”形式？再或者将所有问题和想法都写到纸上，然后再对其进行梳理的方式如何？——我们要说清楚想以何种形式引导出对方的话语。

还有，我们可以将时间分配的方案提前告知对方，如“一共有 3 个话题，平均每个聊 10 分钟左右”。工作忙碌的人都非常讨厌把时间耗费在不必要的事情上，因此，我们应该表现出有效率地向其提问的态度，这样对方才能安心地集中到话题的讨论上。

▷ 传递内心感受的“信息”（Message）

最后一个 M——“信息”：告诉对方我们在倾听时的内心感受，也就是告诉他我们是带着何种心情来的。

例如，可以像这样传递信息。

“我们始终认为山田先生的意见可以让这次的项目获得成功！”

“能访问到营业部的‘大咖’铃木先生，真的是非常高兴！”

“您在这里所说的意见都会以匿名的形式体现，所以请您敞开心扉地与我们交流。”

传递这些信息的目的，就是要让对方感觉“原来如此，这样一来我就要和你好好聊聊了”“好不容易找到我，我一定不会让你失望”。

在访谈的一开始，就要将这里所介绍的“3M”传达给对方，这样对方才能知道自己该说什么，从而让整个对话变得更加顺畅。

06

在眼神中搜索答案

▷ 答案在客户的眼神中

判断客户是否在听我们说话，看他的耳朵是不行的。实际上，即使我们的话语飘进了他的耳朵里，但他是否听进去了，我们无法从其外表上看出来。

会出现变化的不是耳朵，而是**眼神**。常言道“眼睛是心灵的窗户”，也可以说眼睛是我们大脑的一部分。从对方的眼神中，完全可以看出来他在关注什么、思考什么。

而且，通过眼睛的运动方式，我们还可以向客户传达不同的信息，如“你刚说的话很有趣”“你说的内容很无聊啊”等，通过眼睛展开的交流就叫作“眼神接触”。

接下来，我将介绍如何运用“眼神接触”的基本技巧，营造便于交流的氛围。

▷ 如何让眼神变柔和

眼神接触的基本做法就是“在倾听时看着对方的眼睛”。虽然说“眼睛是心灵的窗户”，但我们在看着对方眼睛的时候，一定要注意“眼神动作”，应该以轻柔的眼神来看着对方。

有人会问：“你说要用轻柔的眼神，可是到底什么样的眼神才算是‘轻柔’呢？”请大家好好回忆一下，你与喜欢的人说话时的场景。这样一来，你的眼神自然会变得轻柔起来。

如果你交流的对象，刚好是你喜欢的人，那么你的眼神自然不会出什么问题。但是，如果情况并非如此，你**可以一边想着自己喜欢的人，一边倾听**。这样一来，你的眼神也能稍稍变得温和。

▷ 相见与高潮，眼神要有变化

虽然我们很想表示出“对您所说的内容非常感兴趣”，但是如果从始至终一直盯着对方看，也会让对方感觉很糟糕。

一般来说，眼神接触的时长大概占到整个见面时间的 50% 就足够了。而且，像面试或谈判等短时间内交流的场合，我们为了表现和突出自己，大概用 70% 的时间进行眼神接触，就已经能给对方留下“很热心”的印象了。

还有一种方式，并非像平常那样进行眼神接触，而是在访谈的一开始，或者对方说到正起劲的时候，抑或想要催促对方说话的时候，我们有意识地延长与他眼神接触的时间，这样能向对方传递出“希望您再多说一点”的信息。

▷ 移开视线时，应转向常用手的反方向

与“眼神接触”同样重要的是，眼神移开时的方向。也就是说，当我们将目光从对方身上移开时，也会给对方留下不同的印象。

特别是视线左右移动的时候，要加以注意。当你的视线很快地转向自己常用手的方向时——如果你惯用右手，就是你的右方——会让你的眼神看起来很锐利。不可思议的是，如果转到相反的方向，眼神看起来就不会显得那么锐利。我想这可能是因为人总是用惯用手实施攻击的行为吧。

还有，眼神上抬的仰视意味着“深思熟虑”，转向斜上方则意味着“在回忆”或者“没有自信”。请大家记住这些通过眼神给对方留下的印象。

无视	眼神互相之间没有接触， 即使在交谈时也不看着对方， 会给人留下漠不关心的印象。
冷眼	眼睛眯着，目不转睛地盯着对方， 或者面无表情地移开视线， 这会向对方传递出否定的信息。
敌视	眼睛张大，或者锐利地瞪着对方， 眼神中带出一种攻击性， 这会给对方带来敌意和威慑感。
凝视	一直目不转睛地盯着对方， 会使其产生不快感和不安感。

给对方留下负面印象的眼神

07

让笔记与“听”“问”相结合

▷ 做笔记的两大意义

我们在商业场合中，和对方交谈时一定要做好笔记。做笔记的意义大致可分为两点。

其一，为了将重要的发言记录下来。这是理所当然的，好不容易得到的重要内容，如果之后我们忘记了，可就得不偿失了。人的记忆机制不同于机械硬盘，无论是你多么想记住的内容，也常常会在某个时刻就被遗忘了。为了防止出现这种情况，我们一定要做好笔记，以便进行备份。

其二，做笔记可以表现出我们是在认真地听对方说话。即便你是一个记忆大师，在向对方提问时，也一定要养成做笔记的习惯。如果你什么都不记，对方会有种不安感——“这个人，之后真的能回想起我说的内容吗？”

当我们终于问出了之前一直想知道的内容时，用笔在纸上沙沙地记录，对方看见这样的行为，就会意识到“原来你想问的是这个啊”。反之，如果我们什么笔记也不做，对方就会有种不安感——“是不是认为我说的内容没有什么帮助？”

▷ 不会妨碍到“听”和“问”的做笔记方法

做笔记虽然重要，但是我们也不能因此就疏忽关键的“听”和“问”环节，否则就等于是本末倒置了。为了尽可能地集中注意力，我们有必要掌握高效率做笔记的方法。

例如，部门名称、业务名称、商品名称、竞争对手的名称等，这些可以预想到会出现在对话中的用语，因为写起来很费时间，所以我们要事先想好对应的简称，这样才能有效地实现快速记录。还有，当同时与多名对象交流时，我们最好事先想好对各个参与者的简称，然后在记录时使用。

做笔记虽然很重要，但是如果我们太过认真记录看起来会很失礼，这同样也是本末倒置了。尤其是那些喜欢边交谈边在电脑上打字做记录的人，要特别注意这点。因为你一直盯着电脑屏幕看，很容易让对方感觉你没有仔细听他说话。所以，请记得在说到关键内容时，抬起头来看向对方，并且在随声附和时，也要看着对方的眼睛。

▷ 手机 App 比录音笔更自然

当我们来不及做笔记时，可以使用录音笔将访谈的内容录下来，这样也能让我们看着对方的眼睛，集中注意力向其提问。请在允许录音的场合，并征得对方同意之后，积极地运用这一方法。

最近，我常用的录音工具，其实就是 iPhone 手机上的录音软件，所以不会给对方留下录音笔那样“正在录音”的印象。而且，像 iPhone 这样的随身物品，放在桌子上一点也不会有违和感。因此，我们能更好地与对方在自然的状态下进行交流。如果只是用手机录音，电池完全可以坚持 1 至 2 个小时，而且录音文件不会占太多手机存储空间，所以我非常推荐大家使用这种方法。

▷ 必要时主动关闭录音，给予尊重

不管我们使用什么工具记录访谈的内容，只要对方表示“这些话只能在这里说”“能否停止录音”，我们就必须当着对方的面将录音设备关掉；如果是手写笔记，就要将笔记本放到桌子上；如果是用电脑，就要将双手从键盘上挪开；如果是录音笔，就要将电源关掉。

作为访谈的一方，即便我们不会将信息外泄，但是如果想

让对方说一些重要的、不想被记录下来的内容，我们就最好不要记录。所以，有必要以看得见的方式，向对方表示我们已经做好了听他发言的准备。

这些动作最终将会让对方敞开心扉，认为“跟这个人交流是没有问题的”。

08

“听”人说话时的肢体语言

▷ “正确姿势”与“错误姿势”

为了让对方愿意与我们交流，我们倾听时的姿势也是很重要的。我在这里所强调的“要注意我们的姿势”，并不是指那种礼仪正确的姿势。当然，失礼的姿势和态度并不在我们此次讨论的范围之内，我想说的是，我们如何通过肢体语言向对方传递“您说的话很有趣，想听您再多说一些”。

一般来讲，倾听时的“正确姿势”与“错误姿势”就如下页图所示。这些姿势很可能是我们下意识做出来的。当对方说的内容很有意思时，我们“身体往前倾”的动作当然是好的。如果感到对方说的内容很无聊时，我们会不自觉地托腮，那就不乐观了。所以，我们要时常提醒自己注意倾听时的行为举止。

错误的姿势

- 抱着胳膊、托腮
- 跷二郎腿
- 身体向后仰

↓

传递给对方的信息

- 威慑感
- 拒绝感
- 否定感
- 感觉很无聊
- 难以沟通

正确的姿势

- 手臂与双手自然地放在台面上，或者轻垂于台面下方
- 不要跷二郎腿
- 身体偶尔向前倾

↓

传递给对方的信息

- 安心感
- 被接纳
- 被肯定
- 对话题很感兴趣
- 容易沟通

倾听时的姿势

▷ 一个动作就能“操控”客户

前文我们介绍了通过“倾听时的姿势”可以营造出让客户愿意与我们交流的氛围。这里作为稍稍进阶的内容，我想再来说一说如何通过强调“某一个动作”影响到对方表达的心情。

例如，在重要的会议或访谈开始之前，我们会将可能打扰

到谈话的手机关掉或者调成静音状态，这已经是一个常识了。但这通常都是在跟对方见面之前完成的动作。其实，有时我们也可以故意当着对方的面做，会更有效果哦。

之前，我去拜访客户公司的某位经营者时，他就在访谈开始前特意表示“因为要进行很重要的交流，所以我先把手机关掉吧”，然后就在我面前关机。他是有意通过这样的方式向我传递出一个信息——“我很重视今天的谈话内容”。

有时，我们也可以故意做一些“错误姿势”，例如，托腮——并不适用于正式的场合。但是，有时我们也可以故意这么做，向对方传递出“我们之间的关系很亲近啊”“不要把这当成很正式的场合哦”这样的信息。所以，这属于一种高级技巧。

再如，当你很想听听对方的真心话时，就可以将手放在脸颊或下颚，身体明显地往前倾。这样等于告诉对方：“这些内容我们只在这里说，请你告诉我，你的真实想法吧。”当你想拉近与对方的距离时，试着使用类似的动作吧！

09

4 种效果不同的倾听方式

▷ 要做到客观地倾听

虽然好不容易得到了一次访谈的机会，但如果我们很快对对方表示否定——“事情不是这样的吧”，或者表示质疑——“你讲的是真的吗？”他肯定就不想再继续发言了。

当然，对方所谈论的内容也许确实是错的，我们最好等事后再去加以验证。如果我们从一开始就表露出否定和质疑的态度，恐怕就很难再从对方口中听出什么信息了。虽然，我们也没必要盲目相信对方所说的内容，但重要的是，要客观地去倾听对方。

客观地倾听对方所说的话，这件事乍一看好像是很简单，实则不然。我们常常会带着先入为主的观点或想法与对方交谈。

这样一来，我们不仅无法获得正确的信息，而且会让对方觉得“这是在故意曲解我的话”“你仿佛一直在疑神疑鬼”，从而难以与对方构建良好的信赖关系。

虽然人们会暗暗提醒自己要客观，但最终还是会被自己的想法影响，或者想着去反驳对方。商业顾问会要求自己“只在普通的状态下去提问，而非刻意地提问”，所以常常会注意以下四种倾听的方式。

▷ 有选择地倾听

Selective Listening，即**有选择地倾听**，就是指我们依据自己的想法，有选择地倾听对方所说的。特别要注意，当大家打算做决定前向他人寻求意见的时候，就会出现这种倾向。因为人们总是会选择听那些与自己想法一致的，排斥那些不同的。如果我们一直进行这种选择性的倾听的话，就会人为地曲解对方所说的内容，并向我们的大脑中输入错误的信息。对方也会开始质疑：“这个人，真的在认真听我说话吗？”

当你在倾听他人说话时，如果发现**听到的回答全都是令自己感到满意的意见或感想，就要加以注意了**。你要反思一下：我是不是在选择性地倾听，对对方所说的内容产生了主观曲解？

为了摆脱这种模式，我们要敢于面对与自己相反的意见。

不管对方多么赞成你的想法，也要敢于问："能否就此说下令你颇感不安的地方呢？"从而让对方说出他内心的真实想法。

▷ 带有嘲讽地倾听

带有嘲讽地倾听，英文是 Cynical Listening，"Cynical"一词有"冷笑、嘲讽"的意思，所以"带有嘲讽地倾听"是指在交谈之前，就已经依据自己的主观想法或看法曲解对方的观点，以一种具有引导性的方式去倾听。

如果带着"反正他肯定会这样说"的偏见去倾听，那么，不管对方说了多么重要的内容，我们也不可能准确理解。由于我们的主观偏见，认为"难道不应该是因为这个原因吗""即使那样做也是不会奏效的"，即便我们听到了真正有用的信息也会忽略掉。

这种倾听方式不仅让我们主观认为"这个人（对方）什么都讲不清楚"，从而无法获得有用的信息，此外，还会让对方认为我们态度恶劣，认为"跟这个人（倾听者）说什么都没用啊"。

我们之所以会带有嘲讽地倾听，主要原因有两点：其一，我们总是在验证对方所说的内容是对还是错；其二，我们总想在对方与自己之间分出优劣。以这种想法倾听，即使双方是在热心地交谈，但我们一直在想"那样说不应该是错误的吗？真的应该这样说才对啊”，也会把这样的态度传递给对方。

年轻人由于自我视野狭窄，往往不容易出现这种情况；反倒是上了年纪的人，由于被各种经验左右，会容易表现出嘲讽式倾听。

倾听，是一件能够拓宽我们视野的事。如果我们从一开始就闭目塞听，不免太可惜了啊。如果不想这样，请做到抛弃一切先入为主的观念和偏见，以客观的心态去倾听对方说话。

▷ 不感兴趣的礼貌式倾听

无论如何都对对方所说的内容提不起兴趣——如果你在与对方交谈时产生了这种感觉，那么很有可能你已经进入了“礼貌式倾听”模式。

礼貌式倾听，是指虽然我们对对方或话题并不感兴趣，但表面上还要保持礼貌。礼貌式倾听，也可以说是“例行公事般的交流”。

虽然我们必须倾听对方所说的话，但是对这些内容，甚至访谈对象没有任何兴趣，这可是很严重的问题。与选择式倾听一样，礼貌式倾听也会带有个人先入为主的观念，认为“肯定是这样的”，而且固执地认为自己的想法是正确的。

如果我们总是认为“内容无趣全都是对方的责任”，就会让对方失去表达的欲望。所以，作为倾听者，我们有必要让自己对对方以及访谈的话题产生兴趣，并切换成积极提问的模式才行。

对对方产生兴趣的一个方法就是制作人物画像。通过了解对方的背景资料，加深对他的认识与理解，从而让我们产生倾听的意愿。

如果对访谈的话题不感兴趣，我们可以将关注的焦点集中在这段访谈的时间内所能获得的有益信息上。你能否积极主动地产生兴趣，会使所获得的信息产生较大差异。你能引导对方说出什么样的内容？你与对方形成什么样的关系，才能使访谈获得成功？试着思考一下这些问题吧，让自己开始对对方以及话题逐渐产生兴趣。

▷ 积极地倾听

以上介绍的三种倾听方式是需要我们特别注意的。为了让对方愿意与我们交流，我们应该要做到第四种模式——**积极地倾听**。

“积极地倾听”模式与前面三种模式完全相反，你要对访谈的对方和话题抱有兴趣，抛弃所有的偏见与成见，客观地倾听。

也许有人会说：“这种事情还用提醒吗？”——但是我们在倾听别人的话语时，还是应该时刻提醒自己：“现在处于什么模式？”假如你发现自己正处在前三种模式的任何一种时，就要设法切换到“积极地倾听”模式上来。

礼貌式倾听	有选择地倾听
虽然自己内心毫不关心，但是表面上还要保持礼貌。	依据自己的想法，对信息进行筛选的模式。
带有嘲讽地倾听	**积极地倾听**
在未交谈之前，就已经依据自己的成见和看法，对对方产生了歪曲认识的模式。	对访谈对象和话题都抱有兴趣，抛弃所有的成见，以一个开放的心态来同对方交流的模式。

四种倾听方式

10

能引起共鸣的心理学技巧

▷ 基于心理学的沟通技巧

我在面向销售的沟通研修课程中，常常会介绍“NLP[①] 技巧”。大家是不是都听过“NLP”这个词呢？

NLP 是以“沟通技巧”和“心理治疗技巧”为主的一门心理学科，被广泛运用于提升商业场合的沟通能力和改善人际关系等方面。除商业场合外，也用于体育运动、医疗、政治、教育等领域。

NLP 技巧也可以帮助我们在访谈中赢得对方的信任，主要

① NLP 是神经语言程序学（Neuro-Linguistic Programming）的英文缩写。N（Neuro）指的是神经系统，包括大脑和思维过程；L（Linguistic）是指语言，更准确点说，是指从感觉信号的输入到构成意思的过程；P（Programming）是指为产生某种后果而要执行的一套具体指令，即指我们思维上及行为上的习惯，就如同电脑中的程序，可以通过更新软件而改变。NLP 也被解释为研究我们的大脑如何工作的学问。——译者注

表现为三种方式：“共鸣”（Pacing）[①]、“回溯”（Backtracking）[②]、“验证”（Validation）。其中，“共鸣”是与对方产生共鸣的方法，“回溯”是接纳对方的方法，“验证”是确认对方所说的内容并进一步深入提问的方法。运用好这三种方法，就能拉近我们与对方的距离、构建起信赖关系、准确地询问出必要的信息。

在本章中，主要涉及的是“能让对方更愿意与我们交流的方法”，所以主要介绍“共鸣”和“回溯”的相关内容，“验证”将在后文中介绍。

▷ 产生共鸣

在 NLP 技巧中，将构建与对方的信赖关系叫作“产生共鸣”。

“共鸣”和“回溯”也就是要通过倾听对方的话语，来在自己与对方之间架设起一座沟通的桥梁。即实现心灵相通、互相信赖、接纳对方的这样一种状态。

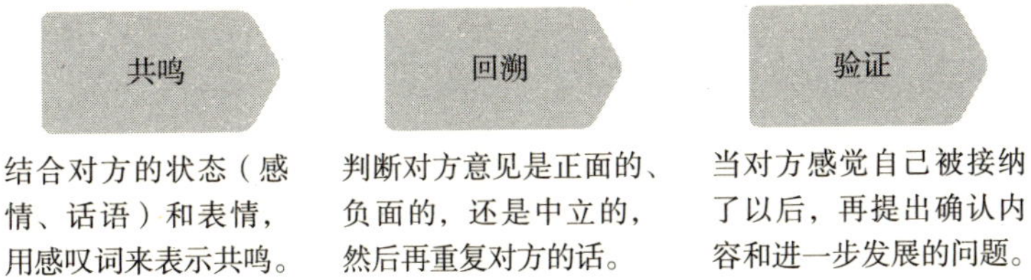

共鸣、回溯、验证的步骤

① NLP 名词，也称“临摹”，指借由参与认同某人的世界观，获得或保持一段时期与此人的亲和感。——译者注

② NLP 名词，也称“摘要”，指重复或归纳对方的关键用字及声调。——译者注

11

掌握好回应对方的节奏

▷ 做到与对方合拍

“共鸣”就是指要做到与对方合拍。具体来说，就是要在说话方式、状态、呼吸等方面保持一致。如果这些都达到同步，双方就能在一个放松的状态下交流。

而如果不同步，双方多少都会感觉很难按照自己的节奏表达，例如一方是热情的，而另一方却很冷静；抑或一方滔滔不绝，而另一方却沉默寡言。这种情况下两个人的谈话恐怕将难以顺利进行下去。

虽然说达成合拍很重要，但由于是我们主动提出沟通的请求，所以，首先应该是由倾听者迎合说话者的节奏。

· 说话方式的同步

“说话方式”就是指腔调、语速、声音大小、音调的高低、说话的节奏等。如果我们想与对方合拍，就要做到“当对方大声说话时，我们也要大声地去接话”“当对方安静表达时，我们也要小声地去应答”。

我们可以通过“点头”的动作，实现节奏上的合拍。根据对方说话的节奏，我们可以做出不同幅度和快慢的点头动作。

不过，如果在对话的过程中我们一直不断点头，就会让对方搞不清我们到底是在认真倾听，还是仅仅做了一种惯性的动作。所以在需要集中注意力认真倾听的时候，我们应该一点细微的动作都不要做。根据对方说话的节奏变化，或者想要表示深深赞同的时候，我们再做出点头动作。

· 状态的同步

这里所说的“状态”，是指对方喜怒哀乐的感情，以及类似“着急忙慌”等状态。如果想与对方做到状态上的同步，我们就需要根据当时欢快或严肃的氛围，结合对方的喜怒哀乐，分别使用“啊（惊讶）”“咦（感兴趣）”“哦（称赞）”等感叹词。

还要有意识地做到面部表情的同步。善于沟通的人，即使一言不发，也可以通过表情做到与对方同步。有时，当我们集中注意力倾听对方时，脸部往往会变得毫无表情，所以一定要记得在说到重要内容时，与对方的表情实现同步。

· 呼吸的同步

要想做到呼吸的同步，就要观察对方的肩膀以及腹部的动作，保持与对方相同的呼吸节奏。对于这种呼吸保持同步的做法，对方往往是察觉不到的。这么做的好处就是让我们在恰当的时机能够附和对方的话。

如果时机掌握不准，可能就会出现“明明对方正要说话，我们却提问”“对方以很快的节奏在表达，而我们的反应却总是给人感觉慢半拍”等情况，这样一来就削弱了对方的表达欲望。保持呼吸的同步，才能有效避免发生这些情况。正如字面意思那样，我们要有意识地与对方保持“同步呼吸”。

关于“共鸣”大家还应注意的一点是，我们没有必要在会话的过程中，一直关注自己是否做到了“说话方式的同步”“状态的同步”“呼吸的同步”。**只需要在最初的几分钟里注意一下就可以了，因为之后这种状态就会自然地保持下去。**请大家都试一试吧。

共鸣

结合对方的状态（感情、话语）和表情，用感叹词来表示共鸣。

感叹词示例

啊——
嚯——
哎呀——
哎——
嗯——
嘿！
哇——
那可真是……

共鸣的技巧

▷ 价值观层面的共鸣

每个人都会对与自己有共同点的人抱有好感。前文已经说过，“共鸣”就是在说话方式和情感上，与对方保持同步的一种方法。但是，除此之外，我们还可以有意识地向对方展示更多的共同点。如果能在爱好、价值观等方面传递出共同之处，我们就能与对方构建更加强烈的信赖关系。

例如，在制作人物画像时了解到对方“非常喜欢德鲁克①”，那么我们可以假装若无其事地拿着一本德鲁克的著作，或者在会话的过程中引用德鲁克的名言。一个人所看的书籍，基本上能体现其价值观——你的这种行为等于是在更深的层面与对方产生共鸣。

此外，像服装、文具等小物件也可以去做到同步。关于已故的史蒂夫·乔布斯有这样一则趣闻：他每次在新产品发布会做现场讲演时，都会穿那套标志性的黑色高领衫与牛仔裤的搭配。但是在去银行洽谈投资意向时，却是一身笔挺的西装。这就是为了要与金融业界的风格保持同步。

最后，我们也需要记住客户行业或公司内所使用的“行业术语”“公司用语”，然后在沟通交流中积极地运用这些内容。

① 彼得·F. 德鲁克，现代管理学之父，其著作影响了数代追求创新以及最佳管理实践的学者和企业家，各类商业管理课程也都深受德鲁克思想的影响。——译者注

通过使用与对方相同的语言，让对方感觉到“这是与我身处同一个世界的人”。

“共鸣”的终极目的就是让对方不会产生“这个人与我不同”的想法。为此，我们要做到与对方保持同步，并积极地展示出彼此间的共同点。

▷ 不是妥协让步，而是彼此贴近

虽然我推荐大家使用客户的行业术语或公司内部的用语，但是并不建议大家在客户面前，大量使用自己的常用术语。因为这些术语对外行人来说比较晦涩难懂，而且他们可能会对其含义产生各种各样的误解，从而在双方的交流中形成障碍。也就是像上面说的，让对方感觉“我们不是同一个世界的人”。所以，这也是使用“共鸣”技巧时需要考虑的一个方面。

不过，不管三七二十一，就一直套用客户熟悉的术语或表达方式的行为，也不能算是“共鸣”。如果你认为说术语确实有利于推进项目，也可以告诉对方“请您记住这一术语的含义”。

这样一来的结果，就是让说话者与倾听者都能彼此更加贴近。请记住，“共鸣”的目的不是妥协或让步，而是要让彼此的关系更加贴近、融洽。

12

巧妙回溯，相互接纳

▷ 重复对方说过的内容

NLP 的第二个方法是“回溯”，即通过重复对方所说的内容，使其在下意识中与我们产生亲近感。即使在日常的会话中，比起边说“嗯嗯”边点头的方式，只需要突出对方话语中的关键词——如表示“哎，也就是说是……啊！”这样就可以让整个沟通交流变得更加顺畅。

“回溯”主要包括以下三种技巧。

·像鹦鹉学舌一样复述对方的话

对方：“我认为有必要对一线岗位的工作意识实施 ×× 改革。”

我方："您是说有必要实施工作意识的改革啊……"

· 重复关键词

对方："我感觉在我们公司的领导层中，越是在看不见前路的时候，越是需要做出一些变革的力量。"

我方："也就说，今后您应该要具备'允许做出变革的力量'。"

· 重复内容概要

对方："我感觉这项政策没有现实意义，而且容易让人失去实施的意愿。"

我方："原来如此。您是想说'对此感到不认同'吧？"

"回溯"的目的跟"共鸣"一样，也是为了与对方之间产生共鸣，从而形成一体感。此外，复述内容也等于是在告诉对方，我们确实是在很认真地听他发言。

▷ 回溯让反驳也变得更容易

除了双方持相同意见的场合外，"回溯"也可以有效地运用于双方持有不同意见的场合。当听完对方的发言后，即使你心里认为"肯定不是这样的"，也不能立刻就提出反驳。"虽然您那样说，但是……”这样说会让我们与对方之间形成对立的关系。

但有时反驳是有必要的。如果我们总是无条件相信对方所说的话，就不可能从中获得有益的信息了。因此，想成为沟通的高手，我们就必须在不拉开与对方距离的前提下，掌握向对方提出反驳的技巧。

对方：“我认为原因肯定在于 A。”

我方：“但也有人说原因是 B。”

千万不要这样做——当你感到对方与自己的观点存在差异时，就立刻条件反射式地提出反驳，脱口而出“但是”“可是”“然而”等词。当你想说这些转折词的时候，请在此之前试着将对方的发言复述一遍。

对方：“我认为原因肯定是 A。”

我方：“哦，您认为 A 才是原因所在啊。”

然后，当对方对此表示认同后，我们再继续陈述自己的主张：“不过，好像也有意见说原因是 B。”像这样在事先进行“回溯”，对方就不会再有“自己的意见被否定”的感觉了，也会更容易接受我们所提出的反对意见。

回溯

判断对方意见是正面的、负面的，还是中立的，在附和之后，再重复对方的话。

- 发言内容是正面时的附和
  确实是那样啊。
  真厉害啊。
- 发言内容是负面时的附和
  那可太麻烦了。
  这下难办了啊。
  太令人头疼了。
- 发言内容是中立时的附和
  原来如此。
  是那样的啊。
  也就是说是这样的。

回溯的技巧

· 回溯≠认同对方的意见

一般来说，当人们感觉遇到了不同的意见时，或者对方所说的话超出了自己的能力范围时，就会想提出反对意见，这是人之常情。但是，我们发表的意见在没有被接纳的前提下就被人反驳，会让我们内心的戒备变强，反而更加固执己见。因此，我们才有必要使用“回溯”的技巧。不过，要注意的一点是，**复述对方所说的话≠完全赞同对方的意见**。

说到底，“回溯”就是通过复述，让对方感到“自己被接纳”，从而与我们形成信赖关系的一种手段。

· 反复说出对方的名字

虽然说“回溯”是要复述出对方所说的内容，但是我们也可以积极地反复说出对方的名字，这样能有效地满足对方的“希望被承认”的欲望。

对方：“昨天决算报告会的现场真是一团混乱啊！”

我方：“唉，真是一团混乱！××（对方的名字），这肯定让你很头疼吧？确实……”

比起单纯地问“你喜欢音乐吗”，带上对方的姓名说“××，你喜欢音乐吗”这样会让对方留下更深刻的印象，认为“这个不是在问别人，而是针对我的意见所提出的问题”。

见面后最开始的寒暄环节，也是一样的道理。当只有你和对方两个人在场时，虽然可以不用称呼对方的姓名就开始对话，但我们还是应该鼓起勇气，**在对话中加入对方的名字，积极地表现出彼此的共鸣与相互接纳**。这也是“回溯”的一种应用方式。

13

这样转换话题不伤感情

▷ 在不破坏对方心情的同时转变话题

前面介绍的两个 NLP 技巧——“共鸣”“回溯”都是用来贴近和接纳对方的。但是，正如在介绍“回溯”时提到的，我们不能只听对方的发言，这样对于得到所期望的信息没有任何帮助。当话题开始跑题时，如果我们不能及时修正，随着时间一分一秒地流逝，整个访谈就会以失败而告终。所以，我们在倾听对方话语的同时，应对整个话题起到引导的作用。

当然，如果直截了当地说“哎呀，这个话题到此打住，我们来聊另一个话题”，这样一定会破坏交流的气氛。我们需要巧妙地转变话题，这时就需要用到“验证”的技巧。

“验证”是我们想确认对方所言的真假时，或者双方交流陷入僵局时，抑或想要转变话题时可以使用的一种技巧。在这里，我仅就转变话题的场合来进行介绍（其他的情况，请参考第 3 章的内容）。

▷ 结合共鸣、回溯转换话题

“验证”的做法，一言以蔽之就是结合“共鸣”“回溯”实现转换话题。例如，当对方跑题而我方打算将话题修正回来时，直接表示“不过，还是想听你对 ×× 方面的看法”，未免就让话题的转换太过唐突了。正确的做法应该是先与对方产生共鸣，然后再截断对方的发言。这样一来，即使我们之后再提出“不过……”，也能很自然地转变话题。

首先，要通过“共鸣”来与对方实现同步。接着，通过“回溯”接纳对方的意见。经过这两个步骤之后，即使我们转换到另一个话题上，对方也不会产生厌恶的情绪。所以说，在不破坏对方心情的前提下，实现话题的自由转换，提问者就必须先学会“共鸣”与“回溯”。

▷ 黑柳彻子[①] 为什么是聊天高手

聊天高手都能在十分自然的状态下，娴熟地运用 NLP 技

① 黑柳彻子，日本著名女作家、NHK 著名电视节目主持人、畅销书作家。代表作品有《窗边的小豆豆》《彻子的房间》等。——译者注

巧，即“共鸣”“回溯”“验证”。虽然被访问的一方依然在兴致勃勃地说着，但实际上整个话题的走向，牢牢地被提问方所掌控着。

例如，当话题向预想之外的方向发展时，我们就可以表示“原来是那样的啊。话说 ×× 还真的是了不起呢。提到这一点的话……”，像这样，以很自然的方式，将话题引向期望的方向。正是因为结合了“共鸣”“回溯”的技巧，我们才能很快地过渡到转变话题的“验证”阶段。

像“原来那样的啊”这句话，就是电视节目《彻子的房间》主持人黑柳彻子的口头禅。这句话真的是太绝了，表面上看是在向对方表示“我在认真听你说的内容”，但潜台词也是在催促对方“你所说的内容我都已经知道了，请说点别的话题吧”。

当你还未熟练掌握这一方法时，运用起来难免会略显生硬。不过，只要能自然地运用，就能让你的沟通能力得到显著的提升。

第3章

创造『一击即中』的词语攻势

锻炼『聆听力』

LISTENING ASKING TALKING

导语

对方虽然愿意与我们交流，我们也听到了很多的信息，但最后却发现全都是无用的内容。这在商业场合上，就是不合格的谈话。

在有限的时间里从对方口中准确获取信息、为了解决问题而引导对方说出必要的信息，本书中将其称为“聆听”。

要想做到“熟练的沟通”，需要掌握“提出假设”“有逻辑地厘清问题”“变换视角加以验证”等必备技能。

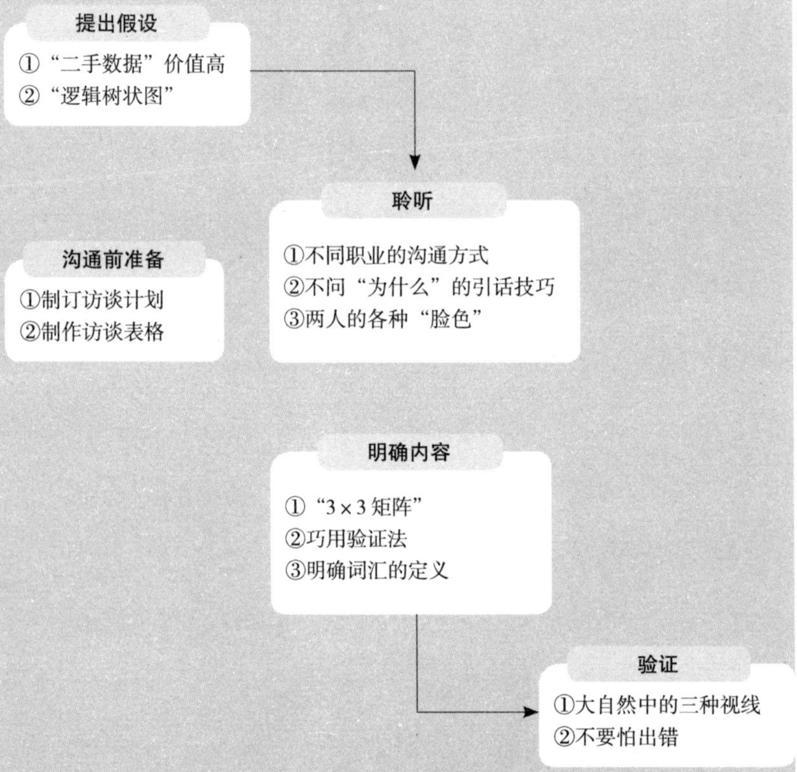

01

用假设的方式提出好问题

▷ 避免照着清单依次讨论问题

我在做某个项目时，有一位刚刚从系统工程师转行的人，他准备了一份庞大的问题清单去和客户访谈。他想从对方口中搜集所有的信息，所以就把能想到的问题都列出来了，然后他一边照着这份清单，一边以一问一答的形式开始了访谈。

但是，在整个过程中访谈对象是一副“不高兴”的样子，最后就只丢下一句话“我把这份材料给你，你自己看吧”。不用说，这位曾经的系统工程师肯定对这次的访谈感到很失望。但是，他的访谈对象应该更加失望吧？

访谈确实是我们搜集信息的机会，但并不能只是照单提问。我也曾多次接受他人的采访或访谈，如果对方总是照着事先准备好的清单，一个接着一个地抛出“让人摸不清方向”的问题，会让我怀疑这个人的工作方式。对于那些不知道意图的问题，人们大多会选择回避不谈。而且，对于曾在各种场合说过很多次的内容，如果提问方又在访谈中问起，也看不出什么想要深入挖掘的意图时，就会让人感觉是在浪费时间。不仅如此，还会让人怀疑“眼前这个人搜集信息的能力可能有问题”。

▷ 带着假设进行访谈

无论是商业场合，还是私人的场合，能够与他人进行面对面的访谈都是非常宝贵的机会。如果在这段时间里，你问出的都是那种不用对方回答，通过其他渠道也能搜集到的信息，就实在是太浪费这个机会了。还有，如果只是毫无目的地连续提问，会让被访问的一方产生疑惑，从而失去了表达的欲望——“聊这些内容到底有什么用呢？”“我为什么要花时间来接受访谈呢？”

访谈期间并不是你依照自己的喜好向对方提问的自由发挥时间。**聆听对方的话，不单单是为了搜集信息，也是为了验证我们内心的假设**。事先搜集一定的信息，然后提出“是不是这样的呢”的假设，接着通过提问来对该假设进行验证和补充，才是你的根本目的。如果你没有这样的意识，就会让对方觉得“这个人到底想知道什么？”“简直是在浪费时间！”

我们在访谈前做的所有工作，应该都是以“提出假设”为大前提的。没有提出“假设”就进行访谈，或者只倾向于搜集个人感兴趣的信息，抑或只注意眼前调查问卷上的问题，就会让我们变得漫无目的。因为我们没有提出假设，所以只能想象出所有的可能性，然后不得不去搜集所有的信息，最后在交谈时也弄不清楚，到底哪些才是真正必要的问题。

如果访谈不限时间，而且访谈的对象也愿意无条件配合，我们就能收获更多所需信息。但是，在真正的商业场合中，这种理想的状况并不存在。

为了有效利用来之不易的访谈机会，我们必须尽可能在开始正式访谈前，提出相应的“假设”。基于我们提出的假设去“听”和“问”，然后再对其进行验证，才是商业场合能够获得成果的沟通方式。反过来说，如果我们没有提出假设，基本上就不应该去对他人进行访谈。

02

让自己在信息中不迷路

▷ 原始数据与二手数据

我们已经介绍了在准备访谈的阶段提出假设的重要性。接下来，我将介绍如何提出假设。

要想提出假设，我们必须先有一定量的信息。也许有人会说："为了获得这些信息，岂不是又得先去询问其他人？"其实并非如此。首先，我们要基于无须询问他人便可到手的信息，提出我们的假设，这才是最重要的。如果我们一直无法提出假设，那么原则上是不应该进入访谈环节的。

在访谈之前先要搜集信息，而信息也分为两类，即原始数据与二手数据。这是在进行信息搜集和分析时常用的术语，这里有必要先对其定义做一个说明。

原始数据是指我们通过问卷调查或访谈等环节，调查搜集到的数据。这的确能让我们获得强有力的信息，但事前必须制订详尽的调查计划，然后再付诸实施，所以并不是一件简单的事情。

二手数据就是指通过报纸、杂志、网络等媒体搜集到的信息，此外还包括学术论文、统计数据等公开的既存数据，其中也包括收费的数据在内，可以说是世界上所有已经存在的数据。

基本上，二手数据是任何人都能很容易查到的。因此，我们在对他人进行访谈时，事先搜集一些二手数据能提高我们的基本知识储备，然后提出假设——“难道不是这样的吗？”在此基础上，我们提问的焦点可以放在“只能从对方口中问出的信息”上（也就是获得原始数据）。

▷ 搜集二手数据→提出假设→验证假设

我们以购买昂贵的单反相机为例，说明从搜集二手数据到提出假设，再到验证假设的流程。当你决定该买哪款型号的照相机时，可以按照下面的步骤来做：

①首先，从相机杂志或网站上搜集各种各样的信息（获得二手数据）；

②其次，思考你会在何时使用相机、拍摄什么样的照片，

基于二手数据筛选出一些待定的相机与镜头（提出假设）；

③最后，询问身边玩相机的人："我想拍出 ×× 类型的照片，预算大概是……，你看该选哪款型号的相机呢？"（验证假设）。

这才是高效率做出决策的正确流程。

如果事先不搜集二手数据，也不提出假设，一上来就询问他人"我想买单反相机，你推荐哪一款"，这只能让对方感到困惑不已——"这也不是一句话能说清楚的呀"。

然后，对方可能会反过来问你"你想拍什么""预算多少""对大小尺寸有没有要求"，等等，这时你再去思考并给出答案就很费时间了，而关于"真正想拍什么样的照片"这样的问题，也许就只能给出一个很模棱两可的回答。

抑或，如果对方觉得"给你认真解答会很麻烦"，也许就会直接给你推荐一款高端的型号。

▷ 二手数据的种类与判断标准

如果二手数据搜集不足，就会让最开始所提出的假设变弱，访谈的效果恐怕也将会大打折扣。还有，如果二手数据的数量太少，我们就难以理解从对方问到的宝贵信息，也无法想出应该问的问题。

但是另一方面，我们也要防止只顾着埋头搜集大量二手数据的情况。虽然说我们必须事先搜集和阅读这些数据，但是也不可能做到全部都看一遍。“事前该搜集多少二手数据？”这个问题的答案，只能是根据不同的项目来决定。不过，我想基于我的个人经验，介绍一下相关的判断标准。

商业顾问肯定都会在开始正式访谈前，提出自己的假设。如果是我不太熟悉的行业或客户企业，为了搜集足够的二手数据，我会购买并阅读大概 10 ~ 30 本相关书籍。即便是比较熟悉的行业或企业，我也会看十几本书，从中获取最新的相关信息。

除了书籍以外，我也会把一些关键词告诉公司里负责检索信息的助理，让他帮忙从新闻报道或其他咨询中，搜集并整理出相应的信息给我。

一听我说要读几十本书，可能很多人会说“我没有时间看书”。其实，我们并不需要将每本书都从前到后仔细看完。我们可以尝试从三个视角进行阅读，这也是搜集二手数据时的要点所在。

· 方法①：寻找共同观点与相异观点

第一个要点，就是找出共同观点与相异观点。“共同观点”就是大家都在强调的内容。例如，所有关于人才培养的书中，都会提到“顶层的领导力是人才培养过程中不可缺少的部分”，这就是共同观点。

至于人才培养的具体方法，有的书中说“要通过批评的方式”，有的书中则说“要通过表扬、鼓励的方式”，各自的主张都不相同，这就是相异观点。

如果不了解共同观点，我们就容易对该行业或企业的常识性知识，进行反复而且冗长的提问。而如果了解一些相异观点，我们就能通过访谈了解到对方所持的是何种立场。要想验证对方所说的内容是一般性的，还是有一定独特性的，我们就需要在事先做准备时了解清楚。

· 方法②：区分优质观点与劣质观点

我们接触过很多的信息之后，对于什么是有用的信息，什么是该忽略的信息——“优质观点”与“劣质观点”——都能很好地区分。“劣质观点”就是指那些我们不应受到其影响的信息。例如，有“无良企业”这样一个词。但是对于什么是“无良企业”并没有严格的定义，有的人认为指的是那种在内部管理上存在问题的企业，有的人则认为单纯是指薪酬待遇很糟糕或者透支员工身体健康的企业。

因此，当我们看到很多“××公司是一家无良企业”这样的信息时，就会产生一种成见，认为“这公司肯定是不好的”。那么，在之后提出假设和进行访谈时，就有可能被引导到错误的方向上。特别是，现今在互联网上可以浏览到很多新闻，有些新闻为了吸引眼球，会把标题写得比较夸张，如果我们只看这些标题，就会很容易受到“劣质观点”的误导。

为了防止出现这样的情况，我们有必要掌握一定程度的知识储备，并且在浏览二手数据时持有怀疑的目光，时刻问问自己：“这个属不属于劣质观点？”

·方法③：了解垂直见解与水平见解

把握按时间先后顺序排列的信息，以及眼下的状况——带着“垂直见解”与“水平见解”的意识阅读二手数据，这也是很重要的。例如，背景是什么？想把工作推进到哪个方向？目前的形势是怎样的？

掌握了这些信息后，我们就能在访谈中表示：“以前，××可谓是业内的一项常识，但是贵公司却敢于挑战全新的方向，所以想请教您，这背后的理由是什么？”像这样，针对公司的战略进行深层次的提问，对方也会因为得到了你的理解，而愿意袒露更深刻的原因。

我们事先广泛地搜集到信息，就相当于在自己的头脑中绘制出了一张“地图”。在正式访谈时，我们就能清楚地知道“现在正在聊的是这个话题”，从而不会让话题变得分散，我们自己也不会“迷路”。

03

提出值得反复询问的问题

▷ 两种树状图

当我们从二手数据中获得基本信息以后，就要在此基础上筛选出当前应该讨论的具体内容。由于实际交谈的过程中，会涉及很多内容，所以有必要事先对这些问题进行排序（提出假设）。为了防止出现遗漏，我们先要制作一份问题清单。

我们在制作问题清单和提出假设时，常会使用到“逻辑树状图”这一便捷的工具。逻辑树状图其实就是一张“逻辑体系图”，它能让我们在保证逻辑完整性的同时，网罗所有的可能性，将各个要素细化到十分具体的层级，因此是讨论原因和解决对策时的一个重要思维工具。逻辑树状图可以分为“原因分析型”与“问题解决型”两种。

<table>
<tr><th>树状图的种类</th><th>原因分析型树状图</th><th>问题解决型树状图</th></tr>
<tr><td>内容</td><td>将问题分解，查明原因
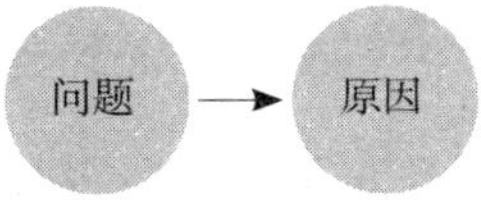
</td><td>从问题的原因，推导出解决对策
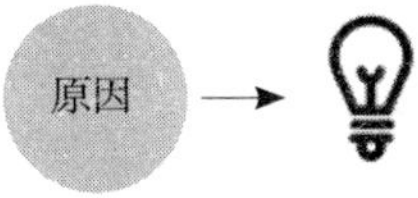
</td></tr>
<tr><td>主题</td><td>问题</td><td>问题的原因</td></tr>
<tr><td>逻辑特征</td><td>反复询问 Why（为什么）</td><td>反复询问 How（怎么做）</td></tr>
<tr><td>输出内容</td><td>● 对原因的假设
● 可验证的层级</td><td>● 对解决对策的假设
● 可执行的层级</td></tr>
<tr><td>示例</td><td>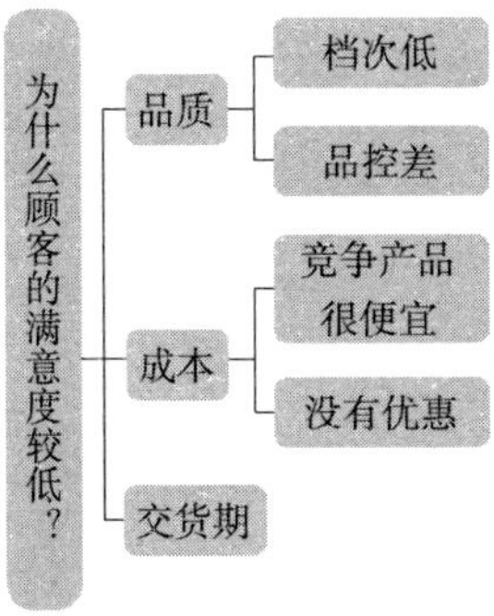
</td><td>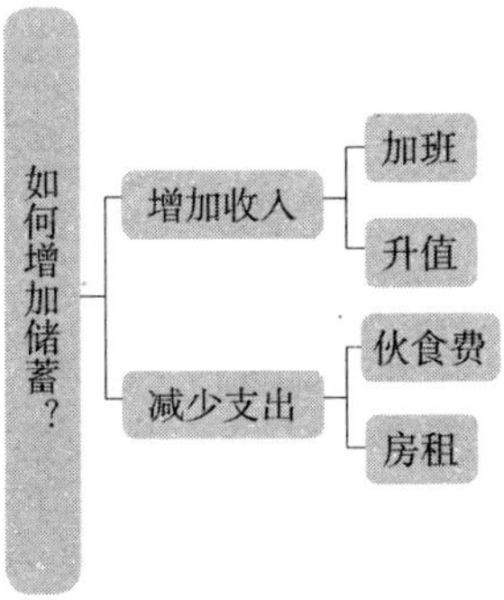
</td></tr>
</table>

两种逻辑树状图

▷ 原因分析型树状图 = 反复询问“为什么”

“为什么销售额下降了？”

“为什么离职率这么高？”

像这样，在遇到某个问题时，为了查明原因可以在二手数据的基础上，使用原因分析型树状图，通过反复询问“为什么（why）”筛选和制作出问题清单。

原因分析型树状图，简单来说，就是以“为什么会……呢”作为我们的起点，通过反复询问“为什么”对问题深入挖掘。运用原因分析型树状图的要点，就在于做到“MECE①”和“要素分解”。

MECE就是“没有遗漏”“没有重复”的意思。如果要有条理地找出产生问题的真正原因，我们必须无遗漏、无重复地列出相应的提问条目。

还有，为了更为细致地分析问题，我们要对各个要素进行再分解。例如利润可以分为销售额与成本两部分，销售额又可以分为顾客数量与销售单价两部分。

一直要将问题深入挖掘分析到“可验证”的层级，然后选

---

① MECE，全称Mutually Exclusive Collectively Exhaustive，即“相互独立，完全穷尽”。也就是对于一个重大的议题，能够做到不重叠、不遗漏地分类，而且能够借此有效把握问题的核心，并成为有效解决问题的方法。——译者注

出你认为“这个应该就是最重要的要点”的内容作为假设。

下图就是原因分析型树状图的一个例子。在这个例子中，为了解决“为什么利润没有增加呢？”这一问题，对提问的条目进行了筛选。例如，先将“利润”分成“销售额”与“成本”这两大块，然后又对“销售额”进行要素分解，分成“顾客数量”与“顾客单价”两部分，不断提问“为什么”深入挖掘出可提问的条目。此外，要注意右侧所列出的提问条目中，不能有重复的内容。

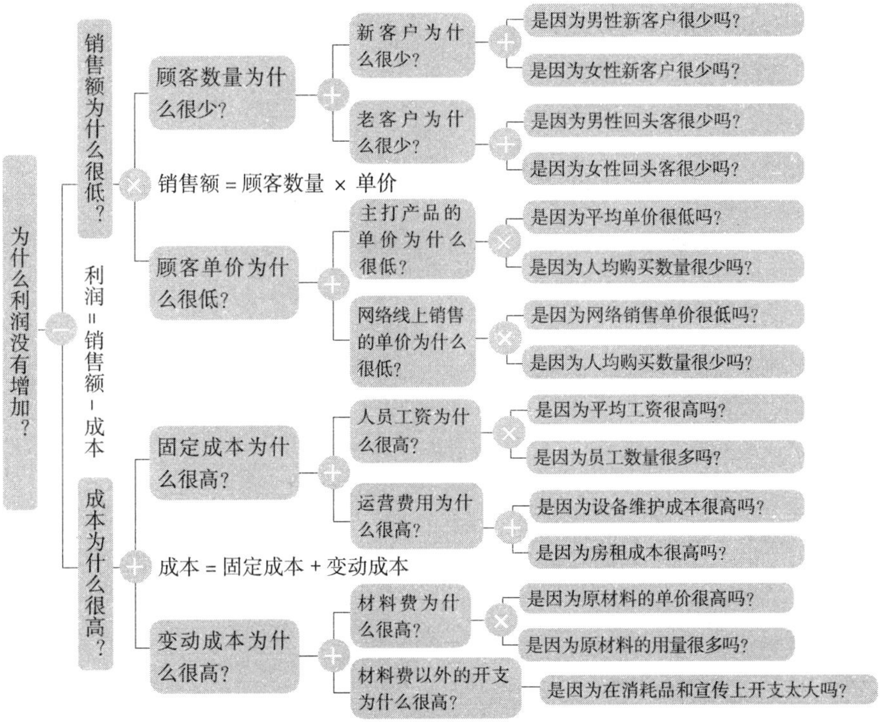

原因分析型树状图示例

例如，我们在阅读了二手数据之后，结合自己的经验，认为“为什么女性回头客的数量变少了？”这一问题才是这次访谈的重点，就要将其作为我们的假设。也就是说，这是一个优先顺序很高的问题，我们应该以此为中心进行提问。

此外，假设未必只能有一个，除非你很有把握，认为“绝对是这一点”，那么仅提出一个假设是没问题的。但是在目前这个阶段，由于我们还无法明确问题的原因，所以筛选出 2～3 个重点问题才是比较现实的做法。如果问题数量大于这个数字，访谈就会变成“东问一句、西问一句”的状态，这就相当于没有假设了。

▷ 问题解决型树状图 = 反复询问“怎么做”

有时候我们不是要分析问题的原因，而是在了解了原因的基础上，思考该如何去化解问题。在这种情况下，我们可以运用问题解决型树状图列出提问的清单。

简单来说，问题解决型树状图就是通过反复提问“怎么做（how）”摸索出解决问题的对策。

基本上，做法同原因分析型树状图是一样的，先以一个问题为起点，通过询问“怎么做”，向右侧不断地分解出提问的条目。此时要想做到 MECE，就应该运用好“框架思维”。例如，在“SWOT 分析法[①]”中，就是将问题分为“优势”“劣势”与“机会”“威胁”这四个部分。像这样，我们才可以从各种视角出发，探索解决问题的方向。下图对常用的框架思维进行了总

名称	用途	要素
3C	经营战略、事业战略	客户（Customer）、本公司（Company）、竞争对手（Competitor）
4P	市场活动	产品（Product）、价格（Price）、地点（Place）、推广（Promotion）
4C	市场活动。从客户的视角来分析 4P	顾客（Customer）、成本（Cost）、便利（Convenience）、交流（Communication）
QCD	对工作和服务的分析	质量（Quality）、成本（Cost）、达成（Delivery）
5Force	纵观竞争环境。把握对本公司产生威胁的要素	①与行业内已有的其他公司间的竞争；②替代产品的出现；③新的竞争者加入；④来自供给侧的压力；⑤来自用户的压力
SWOT	作为市场分析，对本公司的优势、劣势、所处环境有所把握	优势、劣势；机会、威胁
价值链	对公司的机能有概念化的了解，在优势与劣势、专注与强化、外包等领域展开讨论	根据具体的行业而有所不同，一般分为“开发、企划、制造、流通、销售”等环节
7S 模型	俯瞰企业经验的全局。麦肯锡顾问常用的框架思维	硬件的 3S：战略（Strategy）、框架（Structure）、系统（System）；软件的 4S：员工（Staff）、风格（Style）、共同价值观（Shared value）、技巧（Skill）

具有代表性的框架思维

① SWOT 分析法，全称 Strengths Weaknesses Opportunities Threats，即态势分析法，就是将与研究对象密切相关的各种主要内部优势、劣势和外部的机会和威胁等，通过调查列举出来，并依照矩阵形式排列，然后用系统分析的思想，把各种因素相互匹配起来加以分析，从中得出一系列相应的结论，而结论通常带有一定的决策性。

结。通过运用框架思维，我们能做到全方面且高效地制作提问清单（一般来说，商业顾问要能根据实际的问题，从数十种框架思维中判断出该运用哪一种）。

下图就是问题解决型树状图的一个例子。在这个例子中，首先设定“如何增加女性回头客的数量？”为主要问题，然后运用“市场 4P”的框架思维，不断询问“怎么做”深入挖掘，最终筛选出提问清单。同原因分析型树状图一样，这里也要筛选出 2 ~ 3 个强有力的问题，以此作为我们的假设，在访谈的过程中有意识地对其进行验证和补充。

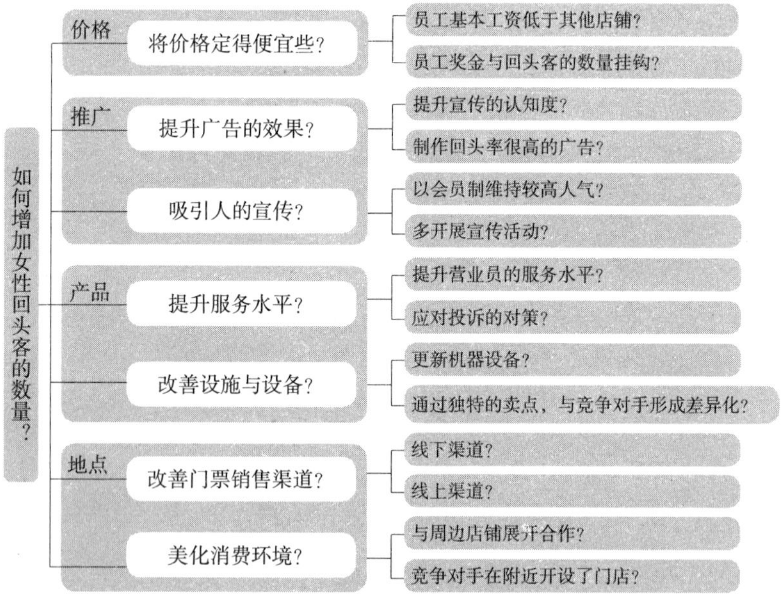

“4P”问题解决型树状图示例

04

用问题引出关键人物

▷ 制订访谈计划，想清楚“和谁讨论”“听什么内容”

当我们通过逻辑树状图筛选出提问列表，并提出相应的假设后，就要决定如何进行验证。询问他人确实是比较有效的验证手段，但是这并不适用于所有的假设。

有的时候，我们可以通过搜集更多的二手数据加以验证。还有，比起一对一的访谈，我们还可以面向客户和职员发放调查问卷搜集原始数据，也能对我们所提出的假设进行验证。

在讨论了以上所有的方法之后，如果你仍然认为“询问他人”才是验证该“假设”的最佳（或者说最有效率）方法，就要进入访谈前的准备工作了。

有时我们只需要对某一个人进行访谈即可，有时则需要对若干人员进行访谈（这在商业顾问中，倒是经常会遇到的情况）。

下面的两张图就是制订访谈计划的一个例子。在一个大项目中，为了分析问题的原因（或者为了解决问题），我们需要对多名相关人员进行访谈。此时，必须事先想好“要和谁讨论才是最有效果、最有效率的”这个问题。如果没有制订好访谈的计划，我们就可能会问错对象，还会得到毫无用处的信息。不仅如此，也会浪费访谈对象的时间。

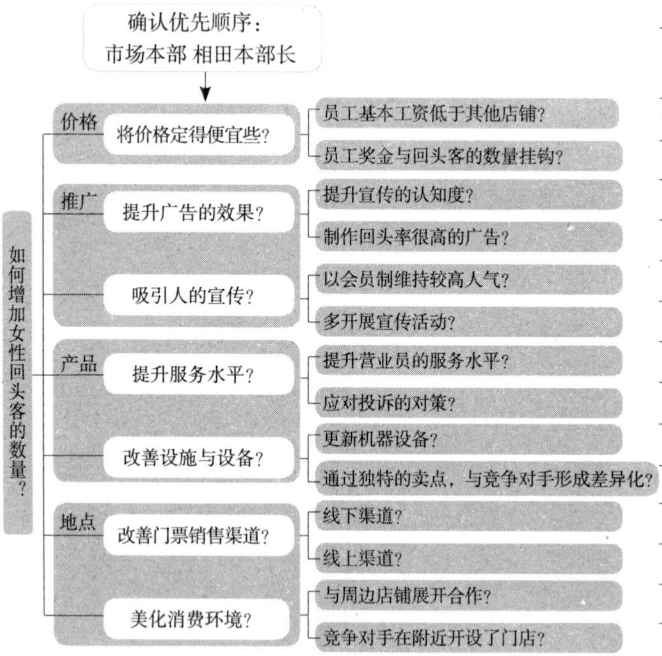

	市场企划部					财务、管理			CS
	山田部长	佐藤课长	铃木代理	藤井担当	川田担当	大田部长	齐藤课长	山本担当	大和部长
员工基本工资低于其他店铺？	○		◎			△			
员工奖金与回头客的数量挂钩？		○		◎		△			
提升宣传的认知度？							◎	○	
制作回头率很高的广告？							◎	○	
以会员制维持较高人气？							○	◎	
多开展宣传活动？							○	◎	
提升营业员的服务水平？									◎
应对投诉的对策？									◎
更新机器设备？					◎	◎			
通过独特的卖点，与竞争对手形成差异化？					◎				○
线下渠道？				◎					
线上渠道？				◎					
与周边店铺展开合作？		◎							
竞争对手在附近开设了门店？		◎							

访谈计划

所以，在图的左上角，有“确认优先顺序：市场本部相田本部长”这一栏。对此，我来简单进行说明。在运用原因分析型树状图提出假设时，只要这个假设是正确的，我们的客户通常都不会表示出拒绝。但是，在运用问题解决型树状图提出假设时，即便是预计成效最佳的解决对策，也有可能不被我们的客户接受。例如，我们提出“重新定价”是最佳的解决方案，但客户也许会表示“这一点我也知道，但是目前还是以‘改善宣传效果’为第一优先考量的内容”。为了能在最初阶段就避免出现这样的分歧，在运用问题解决型树状图时，我们一定要事先确定好访谈“关键性人物”的先后顺序。

▷ 找出“关键性人物”的预提问

在访谈的过程中，知道自己要“听什么”是很重要的。比这更重要的是，知道该“听谁的”。我们不可能和所有相关的人员交谈，同时我们也不清楚首先交谈的对象，是否真的是最佳人选。

那么，在制订访谈计划时，到底该如何决定访谈的人选与顺序呢？我自己在挑选访谈对象时，一般会先去找客户企业的负责人，这样问——

“在贵公司里，哪一位才是能被称为‘大师’的人呢？”

被这么一问之后，对方可能就不会太在意职位或部门等条件的限制，而是告诉我们“要是这么说，不如去采访一下佐藤先生吧？因为，铃木先生目前还谈不上是库存管理方面的大师”。像这样，我们找出最佳访谈对象的概率将会大大提高。

开始访谈以后才发现“从这个人口中无法获得有用的信息”，这时我们再想要换人选就比较困难了，而且对双方来说也是在浪费时间。所以，请务必在一开始就想好最佳的人选，认真寻找出“关键性人物”。

▷ 反对的意见也要尽早听到

我们提出某个假设，然后为了验证而进行访谈，此时我们可能会倾向于只聆听那些对该假设持赞同意见的人。至于那些明确表示出不同意见的人，我们往往会倾向于“闭目塞听”。

但是我建议大家，越是有反对意见，越是要尽早地去倾听。因为，这样做的结果常常能让项目获得成功，并且还能缩短工期。

那些最为反对者的意见，我们早晚都要遭遇到。与其这样，不如在最初就有所了解，否则等到项目进行到一半时再留意到，然后去思考解决对策，我们将会更加费力。

另外，即使反对派所提的意见并没有什么建设性，我们仍然要去倾听。这一点也很重要。否则，对方不配合的态度可能会越来越明显——“为什么从不来听听我的意见呢？”前面也说过，“访谈”实际上也是对对方渴望“被承认”的一种满足。所以，我们在挑选访谈对象时，也要留意这一点。

05

解决问题的整体思路

▷ 访谈表格的制作方法

当我们决定要对他人进行访谈后，接下来就要想好，从这些访谈对象的口中要问出什么以及怎么问。因此，事先制作一张访谈表格，将会给我们带来极大的便利。我将在下文中以“访谈表格”的示例对各个项目分别说明。

▷ 概要 / 重要验证事项

请在这一栏中写本次访谈是作为哪个项目中的一环进行的，而且，这次访谈的目的是为了验证何种假设。正如第 2 章中的“3M”法则所说的那样，这一栏的主要作用，就是体现第一个

M——Meaning，即“这次访谈对于整体工作的意义”。

▷ **访谈对象 / 承担的业务 / 人物画像**

此处我们要根据人物画像中所获得的信息，写入访谈对象的相关信息。通过这里的内容，向对方传递出“此次访谈对个人的意义”。例如，我们可以表示“您曾经担任过大型制药公司的负责人，所以想请您务必根据这些经验回答我们的问题”。这样一来，被问者也能明确地知道，我们到底期待听到什么样的内容。

▷ **验证解决问题的整体思路（验证原因分析的整体思路）**

这里我们直接将先前做好的逻辑树状图复制过来即可，对于那些优先顺序较高的提问项目（假设），要在旁边提前做上记号。在访谈的当天，我们就主要围绕着这一假设来进行提问，如果时间比较宽裕，也可以补充地问一些其他内容。

▷ **现状分析 / 参考数据**

在“现状分析”一栏中，我们可以事先记入作为“问题前提条件”的信息。另外，也可以写一些可供参考的数据到访谈表格上。有时候，我们在提出问题之前，可以先拿出这些数据。例如“与其他地区相比，本地区的店铺管理费用所占的比例，好像比较高啊”。此外，当访谈对象对作为“问题背景”的现状不太了解时，或者回答陷入僵局时，我们就可以用这些数据作为话题的引子，让对方阐述自己的观点。例如“具体来说，与去年相比增加了 135% 呢”“在去年 3 月发给媒体的通稿中，您曾就新业务做出过以下的描述”，等等。这就是现状分析和参考数据，在访谈过程中能起到的作用。

▷ 验证结果总结 / 追加调查事项

可以将通过访谈验证后的结果以及需要进行追加调查的新内容，都记到这一栏中。与制作人物画像一样，访谈表格也不是一次性就能做完的，我们需要之后再进行多次更新。

像这样制作出访谈表格后，在正式访谈时，我们就能在最短的时间里，准确地问出有用的信息。

概要	××项目　验证解决对策的访谈
重要验证事项	最有力政策是否妥当与筛选出问题事项

- 访谈对象

市场企划部负责企划的课长：佐藤先生

- 承担的业务

市场企划的整体管理、调整。

- 人物画像

曾担任大型制药公司的销售部门负责人，
在美国总公司做过企划。

- 现状分析

业务效率本身没有明显下滑。

- 参考数据

本年度利润率与去年相比下降了10%。
竞争对手的店铺实现了20%～30%的增长。

[验证结果总结]
比起开拓新客户，更多的工作是忙于应对售后的投诉，销售一线的业绩始终不稳定。

访谈表格

解决问题的整体思路

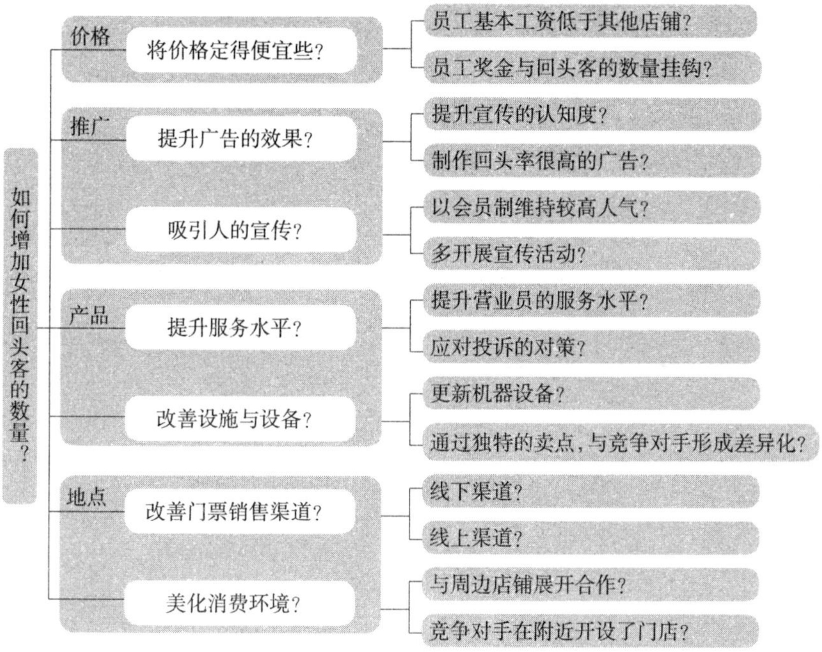

[追加调查事项]
去年度应对投诉的情况分析。

06

“面向未来 × 与人协作”的沟通方式

▷ 不同的立场要用不同的沟通方式

当我们已经决定好了“和谁沟通、怎样交谈、按照怎样的先后顺序讨论”之后，接下来就该介绍在“实战”时需注意的要点了。首先，我们应该意识到自己是以什么样的“姿态”与对方沟通的。这里的“姿态”指的就是“立场”。

有很多职业都是以“谈话”为主，除了商业顾问外，还有评论员、分析师、采访者等。

而且，各个职业也存在各种各样有效的沟通方式。即便是同一种沟通方式，如果不分场合使用，也是很难有所成效的。下页图以横纵两个坐标绘制出了象限。其中，纵坐标为“面向未来的沟通和面向过去的沟通”；横坐标则为“聚焦于‘事’的中立客观性和聚焦于‘人’的协作互动性”。下面我们就来分别介绍这四种类型。

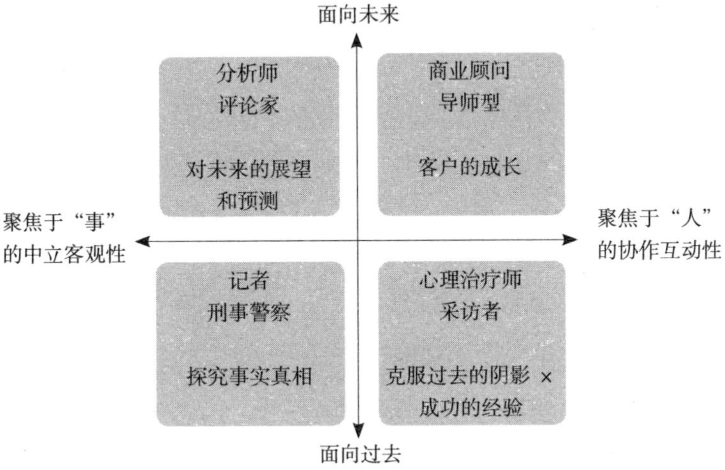

沟通时的立场

▷ 面向过去 × 对“事”中立 = 记者、刑警型

像记者、刑警这些职业经常需要和人说话，但他们的最终目的是为了查明真相，至于访谈的对象内心是什么感受倒是其次的。因此，他们在沟通时多是以“问讯”的口吻，甚至有时为了引导出信息，还会有意营造一种“胁迫”的气氛。

“关于 ×× 的改革最终失败了吧？那么，请问原因是什么呢？”

“为什么要去做这件事呢？”

这就是基于中立的立场，客观看待（过去的）结果的一种提问，属于“记者、刑警型”沟通方式。对于被问者来说，这种方式会让他们重新回想起原本不愿再提及的痛处。虽然说客观地查明真相很重要，但是我们以“问讯”的口吻来提问，却容易让被问者的态度变得更加顽固——“确实是做失败了，但这是事出有因。你如果不了解这点，最好别随便批评人”。

记者田原总一郎[①]就非常敢于提出会惹怒对方的问题，他把这当作能引导出对方真心话的一种手段。这种问话方式有时会让对方感到厌烦，但是又无法拒绝，其实也是这种立场下的沟通技巧之一。

如果你就是专门以“调查”和“确认事实”为目的，当然可以采用这种沟通方式。但是商业场合需要的是大家一起互相协作发现课题，然后查明原因并找出解决对策，所以，这种沟通方式显然就不适用了。如果是出于商业上的目的向他人问话，最好采用与“记者、刑警型”完全相反的“商业顾问、导师型”沟通方式。

---

① 田原总一郎，日本著名评论员、自由传媒人。他个性鲜明、风格犀利，经常以无情质问的方法，逼人说出真心话。

▷ 面向未来 × 与“人”协作 = 商业顾问、导师型

商业顾问或商业导师是专注于帮助企业和个人成长、发展的一个职业。从事这份职业的人，问话时的目的是帮助对方明确未来的发展前景，把握目标与现状之间的差距，同时明确怎样做才能实现这一目标。为此，他们需要在承认对方的前提下，以“互动协作”的立场进行问话。虽然说搞清楚现状和差距是很重要的，但是如果采用“记者、刑警型”的沟通方式，肯定会伤害对方的积极性，这样一来也就不可能达成目标。

“商业顾问、导师型”与“记者、刑警型”是完全对立的两种沟通方式，我们可以来看一个对比的例子（见下页）。

“记者、刑警型”沟通是以“问讯”的口吻为主，因此，访谈对象可能就会产生一种“自我防御”的情绪。

另一方面，“商业顾问、导师型”则是以互相协作、承认对方的优点为前提，让对方自己提出课题和需改善之处的沟通方式。因为，“一旦自己的优点获得了承认，人也会变得愿意做出改变”。

此外，“商业顾问”与“商业导师”之间的区别在于，顾问主要向客户提供未来发展的方向与解决对策；导师则更偏重于引导对方说出自己内心的答案。

商业顾问、导师型沟通方式

A：听完您说的内容，我感觉我们在投诉的管理方面做得十分到位。这让其他公司都望尘莫及啊。

B：不，不，虽然这么说，还是存在各种问题的。

A：哎？您的意思是？

B：我认为在处理的速度以及投诉数量等方面，还有改善的余地。

A：具体说来该如何改善呢？

B：比如，处理的期限可以再缩短3—4天。还有，可以通过改善操作手册，来降低投诉的数量。

A：真是非常具有挑战性的目标啊。如果要追求速度的话，不仅要改革体制，而且为了实现相互间的协作，还要保持工作的积极性，这也是很重要的吧？

B：嗯，一线员工的工作积极性确实也是问题之一。事实上，员工们也提出了不少意见……

记者、刑警型沟通方式

C：通过查阅资料，我发现公司目前在应对投诉方面遇到了不少问题。今天想就其原因来和您做个访谈。

D：应该是由于最近产品出现了很多缺陷吧。但这其中也有很多的无可奈何啊。

C：一般来说，比起产品本身的缺陷，往往是在应对投诉的流程上出现了问题吧。

D：这些流程都是基于之前的操作手册来制定的啊。

C：那操作手册中有提到过当前的状态吗？

D：唉，怎么说呢，因为人手太少，本身品控管理就是一件很难办的事情。

C：那么您认为能够加以改善的，还是这个环节吗？

D：啊，那样做也是没用的。之前尝试过几次都以失败告终了。

两种沟通方式的对比

▷ 面向未来×对“事”中立=分析师、评论员型

分析师和评论员的工作，就是分析各种信息，预测将来的发展趋势。他们并非为了帮助特定的企业或个人实现成长，而是只提出中立的客观看法。虽然说是“中立的”，但他们也是先基于庞大的知识储备，形成自己对事物的观点、评价基准和见解，然后在此基础之上梳理各种现象并从中搜集有用的信息。

即便他们给出了“今后情况将会发展成××”的观点，但是也不能就此推导出“因此该这样做”的决策。“分析师、评论员型”与“记者、刑警型”的沟通方式相比，在“问讯”的口吻方面相对有所缓和。即便这样，他们也并不会因此就展现出“我将与你一起努力”的姿态，而只是像看待他人之事那样，确认“真的能做成吗”。在提问时往往也会带有追问的感觉。

“将来能达成目标吗？”

“今后打算如何对业务进行改良呢？”

采用这种沟通方式，似乎是在向对方表示“虽然那样说，但是将来的事情谁也说不好吧”，所以，对方很有可能不再愿意回答我们的问题。

我们基于中立的立场提出问题，是为了客观地探明事实真相，但是，这也可以说是一种与对方保持距离、撇清彼此关系

的沟通方式，所以不适用于强调协作的商业场合。

▷ 面向过去 × 与“人”协作 = 心理治疗师、采访者型

心理治疗师和采访者，他们的工作就是从对方过去的回忆或经历中了解其心态，使其逐渐表露出自我。心理治疗师与对方沟通主要是为了治愈其内心所受的创伤；而采访者询问过去的情况，更多的是为了弄清楚对方“为什么能获得成功”。

“心理治疗师、采访者”与“记者、刑警”之间的区别在于，记者、刑警是为了查明真相，所以聚焦的是“事”；而心理治疗师、采访者关注的则是“人”。畅销书作家阿川佐和子在《倾听的力量》[①]一书中就曾介绍过，如何从名人口中问出各种成功经验的方法。市面上也有很多书籍会介绍职业生活顾问常用的“倾听与共鸣”技巧。

我一般会推荐大家在商业场合与“商业顾问、导师型”一起使用的，就是这个“心理治疗师、采访者型”的沟通方式。有时，商业顾问要面对各种各样状况。例如，所有员工的精神状态都受到业绩不佳的影响、公司内部的氛围也因改革的停滞而变得很糟糕、一线职员工作的积极性很低，等等。在这种情况下，马上就用“商业顾问、导师型”的沟通方式，摆出一副

① 阿川佐和子，《倾听的力量》，日本文艺春秋出版社，2012 年 1 月 .

“我们要朝着光明的未来而努力奋斗”的姿态是无济于事的。公司之所以会走到目前这样一种“停滞”的状态，往往与之前尝试过的几次改良和问题解决的对策以失败而告终有关，这会给员工带来极大的精神打击。

这种时候，我推荐大家先采用“心理治疗师、采访者型”的沟通方式。通过这种“面向过去”“与人协作”的提问方式，能让人将积蓄在心中的愤懑一吐为快，同时我们也可以表达“愿一起分担”的观点，从而赢得对方的信赖。然后，过渡到“商业顾问、导师型”沟通方式上。

“之前尝试过 ×× 改良措施啊。一般要想做成功可不容易呢。实际的结果怎么样？”

“结果，因为 ×× 等理由而以失败告终。”

“原来如此啊。这可真是个困难的状况啊。让您感到特别辛苦的是哪方面呢？”

像这样，首先通过“心理治疗师、采访者型”的沟通方式安抚对方的情绪。接着过渡到“商业顾问、导师型”沟通方式上。就像这样提问：

“那么，如果今天要再尝试一次，您觉得应该要注意哪个方面呢？”

▷ 转变成“记者、刑警型”“分析师、评论员型”沟通方式的信号

如果你的职业是记者、刑警、分析师或评论员，我当然推荐你运用相应的沟通方式就好了。但是，从事这些职业的人，毕竟还是极小一部分。

本书所预想的读者，都是要通过向客户或商业伙伴、上司或部下进行提问来解决问题，从而将工作向前推进的人。所以，我还是推荐大家只运用“商业顾问、导师型”与“心理治疗师、采访者型”这两种沟通方式。你在沟通过程中的措辞与态度，也会不知不觉间将你的立场传递给对方。

我在做商业顾问的时候，因为要站在“与客户企业一同协作”的立场，所以不能像评论员那样说“贵公司的问题点出在这里”，而是要说“我们应该解决的问题是这个”，以这样的方式提供指导。如果你在表达中，频繁地用到了“贵公司”“你们”这样的词，很有可能你已经转变成“记者、刑警型”“分析师、评论员型”沟通方式了，请务必加以注意。

▷ “商业顾问、导师型”沟通方式的注意点

在商业场合中，我们最好采用“商业顾问、导师型”沟通

方式。不过，也有需要注意的地方。特别是我们作为一名商业顾问，在与对方交流时务必要注意，我们根据假设所想出的“未来发展方向和解决对策”。

因为我们事先想好了解决对策，所以恨不得都不让对方把话说完，就立刻表示“那是因为……，解决的对策是……”抑或在推销产品时，还没有等对方的话说完，就马上开始介绍产品或服务。像这样的情况，其实是很常见的。

指出“未来的发展方向”，就问题的原因和解决对策提出假设，这确实是我们在访谈过程中要完成的大事。但是说到底，这些都是要一边交流一边加以验证的内容。如果我们一味地提出我方的假设，就会忽视了关键的“倾听 = 验证”，这样就是本末倒置了。

07

利用“3×3矩阵”，严格整理听到的信息

▷ 他人的话语意外地都很含糊

在和他人交流时，通常都是按照如下的流程进行的。

①基于事先准备好的访谈表格和对方交谈。

②针对回答中含糊不清的地方，通过提问的方式加以明确。

③总结经对方的回答得以验证的内容，并与对方进行确认。

这里主要想说一下②。我们经常能发现，他人所说的话语中会有含混不清的内容。那些我们看似听明白的事项，如果不去追根问底，就会存在各种各样的解读。即便说话的人本身并非心存恶意，但还是会经常使用一些省略的表达，或者在对客

观事实的描述中夹杂某种成见。

“所以说那个是不行的，大家都这么认为。”

类似这样的表述，经常会出现在对话中。但是，即使我们知道上下文的关系，也还是有必要向对方确认“那个”指代的是什么。因为，我们和对方之间的认识可能会存在细微的差异——“（您说的‘那个’）指的是销售部门的评价制度吗？”“不，不仅是销售部门，也包括开发部门的评价制度。”

还有，像“大家都这么认为”这样的表达，也是可以有各种理由的：“我曾经听到所有人都这么说过”“有三个人这样说过，所以我猜其他人也都是同样的意见吧”“我是从某人那里听说‘大家都这么认为’的”……像这种表达很暧昧的部分，如果我们不加以确认，就会降低我们从访谈中获得信息的准确度，还会对之后“输出”的内容产生影响。

这种所谓的“暧昧性”，一般是由于我们在语言表达上的不充分或者内心的成见与误解导致的。但有时候，对方为了故意模糊某些事项，会选择有意而为之。我们肯定不可能先将这些内容记下来，等过几天以后再去找对方确认。**访谈或对话都是“即时性”的**，对方表达完以后，如果你感觉其中有需要解释的地方，就应该立即提出来。否则，这个话题就会继续向前推进。

等到你事后再想起来，问："刚才您想说的是……吗？"对方也会表示："哎？你是说哪一句啊？"

▷ 用"3×3矩阵"整理内容

在访谈时，如果我们只是向对方抛出访谈表格上事先所准备的问题，并就对方的回答表示"是这样啊。原来如此"，然后就没有下文了，这样是不可能获得真正有益的信息或启示的。即便我们对对方所说的话有一点点的疑惑，也应该当场提出来并加以明确——"这个具体是指什么呢？""真的是那样吗？"我们有必要严格地区分对方所表达的内容，并从中搜集有用的信息。

这种时候，我推荐大家使用下页图中的"3×3矩阵"。它将表达的内容分成了"对象""见解""明确的要点"三大部分，这个矩阵可以让我们对存在暧昧或误解的地方加以补充，从而获取高精度的信息。

▷ 对"现状""发展方向""问题"的意识

在"对象"这一部分中，主要思考的是"对方就哪方面在发表意见"。当听到对方表示"那个肯定是不行的"时，我们自然要对其指代的内容加以确认："请问，您说的'那个'

是指什么？”

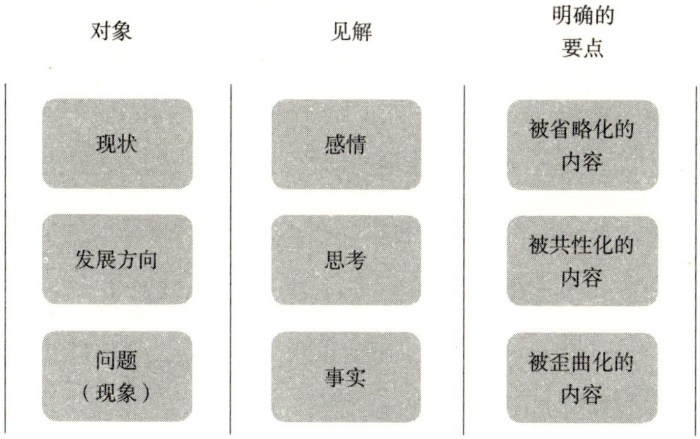

3×3 矩阵

特别是在商业场合中，我们更要注意分清楚对方发表观点的对象，究竟是“现状”“发展方向”“问题”中的哪一个。

“问题的关键就在于财务部门”——当面对这样的发言时，我们有必要通过追问来确认清楚：“到底是指当前的财务部门，还是指将来的财务部门（或者说未来的工作重点）？抑或是说过去财务部门曾出现过问题？”

此外，我们也必须告知对方，此次打算就“现状”“发展方向”“问题”中的哪一方面进行提问。

▷ 对“感情”“思考”“事实”的意识

对方针对“话题对象”发表了怎样的见解，也是我们需要加以确认的内容。例如，当我们询问：“关于 A 您是怎么想的呢？”对方回答道：“对 A 我并不是很中意。”这种答案就属于当事者对该问题的一种“感情”抒发。而同样的问题，如果对方回答道：“问题出在……。我认为作为解决的对策，有必要进行 ×× 方面的改良。”这就属于个人内心“思考”的范畴了。还有，如果对方说“实际上只发挥了百分之几的效果”，那就是在阐述“事实”。

我们要时常保持这样的意识：这个人当前所表达的内容，是纯粹抒发感情，还是自己思考的结果？或者，仅仅是在描述事实情况？即便对方表示“那个计划是一大败笔”，我们也要知道，这也许并不是事实，可能只是对方自己这么认为（思考）而已。在这种情况下，我们能得到的信息就类似“虽然这并非事实，但是 B 是这么认为的（思考）”“B 并不看好这项计划（感情）”。

▷ 对“省略化”“共性化”“歪曲化”的意识

在会话的过程中，我们往往都是在互相说着含糊不清的内容。请大家回忆一下日常会话的场景吧。

“我想就 ×× 问题向您请教。”

“那个啊，真是太不像话了。大家都说完全没法使用，不会是有人偷工减料了吧？！”

像上面这样的回答中，就存在好几处含糊不清的地方。“那个”到底指的是哪个呢？对方之所以这样说，是因为他想“你应该知道我说的是什么”，所以才采用了“省略化”的方式。在会话中被省略的不仅有事物等名词，还包括行为、现象或者作业工程等，基于“你应该都知道”的前提，对方常常都会省略掉一些内容。说话的人可能并没有这种主观意识，只是为了快速答复我们才会这样表达。为了在沟通交流时，防止双方出现认识不一致的情况，我们有必要对省略的内容加以明确——“具体来说，您是指哪方面太不像话呢？”

还有，“大家都说完全没法使用”这句话中的“大家”，常常也并不意味着就是问过全员的意见之后得出的结果。说话人往往会认为“自己的意见 = 大家的普遍性意见”或者“领导说过的话 = 大家的意见”。这就是所谓的“共性化”。我们要在意识到这一点的前提下，对内容进行确认，“具体来说，都有谁这么说过呢（或者，是哪几位这么说过呢）”。

最后，像“不会是有人偷工减料了吧？！”这样的表述，就属于“歪曲化”的内容。没有进行实际的确认，但是像“完全没法用”这种极端意见，大多是基于歪曲捏造的理由提出的。

如果我们对“偷工减料”的意见照单全收可就危险了。这种时候应该追问：“您是根据什么样的事实，提出这一看法的呢？”以此确认对方的判断依据。

对方有时并非主观地想要“省略化”“共性化”“歪曲化”，只是在无意识中做出了这样的表达。这是会话中常会出现的情况。

特别是职位越高的人，越是喜欢使用指示性的代词省略化地表达，如“那个啊……”“那件事啊……”“说到那一点啊”等。因为，他们心里觉得“即使我不一一说清楚，你也应该能明白我的意思”。

▷ 时刻回想“3×3 矩阵”

在沟通交流的场合，我们在提问时要经常在头脑中回想起“3×3 矩阵”。

例如，当对方说出某个答案以后，我们要思考他所表达的内容，属于“现状”“发展方向”“问题”中的哪一个。然后，要意识到这些内容具体是“感情”“思考”“事实”中的哪一个。还要思考其中是否包含有被省略化、共性化或者歪曲化的内容。

“这是他抒发对‘现状’的一种‘感情’，为了了解其中可能被歪曲的内容，我需要进一步提问”“这是他针对‘问题’阐述的‘事实’，我要通过提问弄清楚其中被‘省略’的内容”——像这样，我们要能根据自己的分析有针对性地提问。

08

NLP
帮你修正被歪曲的内容

▷ 直接询问“这难道不是歪曲事实吗？”会起到反效果

当我们一边想着“3×3 矩阵”，一边聆听对方的表达，可能就会注意到：“哎？他这样说不是在歪曲事实吗？”这种时候，我们该如何对此加以确认呢？怎样才能问出没有被歪曲的信息呢？

例如，当我们听到对方表示“大家都说不同意，可真是让人头疼”，然后发现这是对现状事实的一种曲解时，即使我们立即提出质疑：“大家真的都这么说吗？”“具体都有谁和谁这么说过？”对方恐怕也是三缄其口吧。或者，很可能变得更加固执己见，“我听部门里大多数人都这么说过”。如果是这样，我们继续追问：“那也不能就代表是全体的意见吧？”也不会收到什么好的结果。

▷ 灵活运用“验证”方法

面对这种情况，我们不要直接表明我们的疑惑，而是先通过“共鸣”与对方产生共鸣，然后通过“回溯”接纳对方的意见，最后在不质疑对方的同时，提出我们的问题。这也是“验证”的一种技巧。

“那可真是太难办了啊（共鸣）。大家都说不同意啊（回溯）。果然还是因为得不到年轻人的支持啊。具体来说，能否告诉我，他们都提了哪些意见呢？”

如此一来，我们是在没有表明疑惑的前提下，向对方进行提问。这样才能让对方冷静地主动说出事实真相——“啊，有些言过其实了。实际上，也有人表示还是有些效果的。”

09

顺水推舟，不问“为什么”的高级技巧

▷ 专业的顾问很少问“为什么”

当我们听完对方的话以后，往往先想到的就是问“为什么”：为什么会做出那种选择呢？为什么会那样认为呢……因为，这个时候最简单的问题就是问“为什么”。但是，有时我们问太多遍“为什么”，反而会让对方变得不愿意与我们沟通了。

年轻的顾问可以通过公司内部的各种讨论环节，锻炼自己的逻辑思考能力。此外，还要投入大量精力通宵制作出调查分析的资料并进行说明。然而，资深顾问在听完后，可能会毫不留情地责问：“你为什么觉得能那样说呢？”像这样，可以进一步地通过提问锻炼他们的逻辑思考能力。最终，他们也学会了总是向对方询问“为什么”。

但是，专业的顾问很少向客户提出如此不礼貌的“为什么”问题。例如，某家店铺的销售额一直很低迷，在面对该店的店长和员工时，如果总是询问：“为什么销量不好呢？”“为什么销售员的水平这么差？”“为什么总是有大量的投诉？”这样就会让对方有被责备的感觉，简直就像是“记者、刑警型”沟通方式。

那么，下面我就来介绍不使用“为什么”，也能问出更多信息的沟通方法。

•“啊，听您这么一说，果然还是……吗？”“……（沉默）”

例如，当你就某项措施进行说明时，对方非常情绪化地断言“那样肯定不行”，此时我们该如何询问对方的理由呢？如果我们直接问“为什么说不行呢”，会有招来对方反驳的风险——“难道你自己都不知道吗？”

这种时候，我们可以让对方再多说几句：

“那样肯定不行。”

“啊，听您这么一说，果然还是有问题吗？”

“正如你所知道的那样，我们公司的管理十分严格。所以，月底绝对启动不了。”

“这样啊。原来月底启动的话时间来不及啊，假设可以启动……”

我们可以像这样顺水推舟，等待对方自己说明原因。

•“关键点是什么呢（问题出在哪儿呢）？”

“关键点”就是指决定事物真伪、成败的手段和方法，以及与之类似的相关内容。比起直接询问“那是为什么呢”，“关键点是什么呢”这种提问方式，比较不容易让对方产生“被问讯”的情绪。

这一问题还有个好处就是，它能帮助我们摸清对方的价值观。如果对方回答“因为天气很糟糕”“因为对手太强大”，就说明他是一个很容易被外部因素左右的人；如果对方回答“多亏了部长的一声令下”，说明他更加重视“人”的作用；如果对方表示“全靠有那种力排万难，付诸实施的决心”，则说明他是一个责任感很强的人。

•“关于这一点我怎么也理解不了，所以……”

你听说过“I Message”和“You Message”的概念吗？

“I Message”就像“我认为……”“我想要……”，是以“我”为主语来表达的内容。以“I Message”的形式表达自己的想法和需求，也是沟通交流中很有效果的一个技巧。

“为什么会是 ×× 呢？”像这样的表达，虽然表面上没有出现“你（You）”，但实际上确实属于“You Message”。当我们问“为什么不是 ×× 呢？”会给对方传递出一种否定的感觉，潜台词就是“你应该选择 ×× 才对吧”。一旦对方接收到这种

"You Message"，内心也就不得不"自我防卫"起来。为即将到来的攻击做好心理准备，很难再表现出配合的姿态。

另外，像"（我）现在身处这样的状态，希望能得到你的协助""请务必助我一臂之力吧"这样的"I Message"表达，能让对方觉得"这样啊，是遇到了这种情况吗？那我就为你做些什么吧"，从而愿意与我们一起来面对问题。要想让对方与我们相互配合（做好相应的心理准备），我们就需要通过"I Message"的内容——如"我是这么认为的，你看有没有问题呢？"——让对方积极主动地回答我们的问题。

很长一段时间里，我见识过各种人所运用的提问技巧，**越是高手，越是能熟练地运用这种"I Message"**。例如，当你向部下提问时，可以说："关于 × × 我不是太明白，能请你教我一下吗？"这样的提问方式能让对方感到放松。要想让对方心情愉快地与我们对话，关键就是要让对方产生"我愿意和这个人交流"的想法。这样一来，即便我们不提问，对方也会主动地告诉我们很多信息。

学会使用"I Message"进行提问，将能与对方构建起协作的关系，不仅能从访谈或对话中得到更丰富的信息，我们自己也将不再惧怕提问。记住，不要总是追问对方"为什么"，而是**以希望得到对方帮助的姿态进行沟通交流**。

10

用选择式提问获取真意

▷ 对难懂的词汇进行因数分解

同一个词往往可能会因为行业、业务、文化的不同，有不同的含义。特别要注意的就是“常用套话中的一些含义不明的用语”。例如，“沟通”这个词。我们经常会听人说“公司内部的沟通出现了问题”，然而不同的人对此都会有不同的解读。

如果我们对于这样的套话都置之不理，之后彼此所理解的含义就会出现差异。特别是一些外来语[①]中的词汇，使用的时候一定要多加注意，我们可以通过因数分解、提供候选项的方

① 日语中的外来语，指在日本的国语中使用的来源于外国语言的词汇，狭义上指来自欧美语言的词汇。——译者注

式，与对方确认具体的含义。

名词	动词
可视化、课题、问题	讨论、妥善处理、支援、检查
形容词 / 副词	**外来语**
最适合、非常、宝贵的、标准	解决方案、价值、企业治理、市场

套话、暧昧词汇示例

“说起公司内部的沟通出现了问题，具体来说指的是传达管理层决议的简报，还是团队内部交流的方式？抑或是各部门之间存在沟通的壁垒？我能想到的就是这些内容，您刚才说的是指哪一点呢？”

我们不应该直接询问“您所说的沟通，指的是什么”，而是要对词汇的含义进行因数分解，并给出若干候选项目。这样一来，就能对对方口中的“沟通”有更加明确的定义。

11

提问也可以“组合战”

▷ 角色分工

商业顾问常常是以两人一组的方式与客户进行访谈。有时一个人负责谈话，另一个人则负责记录，但有时候也可以事先分配好各自的角色。根据访谈的话题，有时我们不得不去询问对方一些比较难回答的内容。有些时候的一些问题是我们自己都很难问出口的。这种情况，就需要两名顾问事先分配好角色，然后在访谈的过程中互相配合了。

在分配角色时，可以结合话题的专业性，以及自己的职位身份做决定。如果你的职位很高，就要利用好这一优势，因为即便你问了一些冒犯性的问题，也不会被对方怪罪。在挑选搭档时，要考虑搭档的职位身份，以及与访谈对象之间的匹配性，等等。下面介绍几个例子。

▷ “黑脸”与“红脸”

这是在审讯犯人时很有名的一种角色分配方式，也被称为“good cop，bad cop（好警察，坏警察）”。大家可以回忆一下，在警匪片里也经常会上演这样的场景：一边是持高压态势对犯人严厉讯问的“黑脸”警察，另一边则是态度温和地与嫌疑人套近乎并劝其开口的“红脸”刑警。嫌疑人对好警察会产生信赖感，对坏警察又会产生一种恐惧，在权衡利弊之后最终可能会选择与好警察合作，交代出各种信息。其实，这种角色分配的方式也同样可以运用到商业场合上。

在商业场合，我们虽然不能对访谈对象施压，但可以做一些变通。例如，一个人对其强调共鸣与接纳的态度，而另一个人则冷静地分析对方的发言，指出其中的矛盾之处，并要求对方加以确认，这样的提问方式也是很有效的。虽然说起来难听，但是如果我们必须弄清楚某个问题时，由“扮黑脸”的人毫不留情面地进行提问，然后“扮红脸”的人再紧跟着表示“我同事问了一些不该问的事情，请您多包涵”。这样一来，说不定也能勉勉强强从对方的口中套出一些信息哦。

有时候，我们也可以一人分饰两角。在正式访谈的过程中采用比较严厉的态度，访谈结束后在休息室里，再跟对方表示：

“刚刚问东问西问了好多问题。如有冒犯，我向您表示道歉。因为总想着贵公司的事情，不知不觉有些激动了……”

当你觉得对方对我们抱有戒备心或敌意，总是不愿意表露真心话时，运用这种角色分配的方式会很有效果。

▷“新手”与“老手”

“新手”与“老手”也是在警匪片中常出现的一种角色分配方式，在实际的商业场合中这样的组合也是占多数的。与一名新手搭档的好处就是，一般人面对资深顾问时往往会抱有戒备心，但是面对新手时心态则会放松很多。也许是因为有的人面对新手会主动打开交流的“开关”吧，如果团队中有新手顾问，很多访谈对象都表现得比平时更健谈。

当然，如果来的两名顾问都是新手，对方不免会想“这两个人靠谱吗”，所以由资深顾问做主导是很有必要的。如果是我，通常会选择由资深顾问主导整个访谈，然后在访谈结束后，再让新手顾问到休息室或吸烟室去打探对方的真实想法——“您对刚才的访谈有没有什么意见？”这样的话，就能问出一些不愿意告诉资深顾问的内容，或者是在访谈时没机会问的话题。

资深顾问如果出现错误，就会成为事关信誉的问题，而新手顾问如果犯了错误，则可能会获得对方的原谅。当你觉得“抛出这个问题，对方可能会被激怒”，或者遇到了自己作为资深顾问也不太清楚的内容，此时选择让年轻气盛的新手提问也是一种方法，这就是人们常说的“让新人去扫雷”。如果“地雷”不幸爆炸了，资深顾问就可以见机安抚访谈对象“没事的，没事的”，然后根据对方的反应接着提问。这种方式也许对新人来说不太厚道，但也是能让我们问出必要信息的一种技巧，所以只能寻求对方的理解了。

还有，老手与新手不是简单地靠年龄或从业经验决定的，也要视访谈的对象而定。即使我们自负在该行业已经干了 10 年的时间，但如果访谈的对象是一名有着 20 年从业经验的人，在他面前我们肯定不能再持老手的立场。所以，我们一定要意识到，根据访谈对象的实际情况，我们自身的角色也是在变换的。

▷ “外行”与“内行”

“外行”与“内行”虽然看起来同新手与老手的关系很类似，但是这里主要是针对访谈话题的专业性而言。

我们在向他人提问时，未必要让自己先成为对该领域有较深了解的专家。如果是那样，我们对于一些事先认为“对方肯定应该知道的内容”，想要从当事人口中得到确认时，往往又会有所顾虑——“不想让对方觉得‘你怎么连这个也不懂’啊”。还有，当我们从二手数据中搜集到很多的信息后，就会倾向于对对方的发言做出主观臆测——“他想要表达的应该是这个意思吧”。

即便是我们已经弄清楚的事情，也还是希望能听到对方亲口说出来。还有，像“他应该是想说这个意思”这种主观臆测，同样应该从本人那里获得确认才行，如“确实是那样的”“并非如此”等。这种时候，“外行”顾问就可以在提问前表示：“因为我对这个领域不是很熟悉，所以待会儿可能会问一些在您看来很幼稚的问题……”

有些问题真的是只有“外行”才问得出来。而且，“外行”所提问的内容，很可能就成为打破僵局或解决课题的突破口。在对研发人员进行访谈时，可以邀请从事销售的人员也加入进来，反之亦然，这就是“外行”与“内行”相组合的一个例子。这种场合下，“外行”所提出的幼稚问题，却有可能意外地一语击中问题的要害。

12

提问的节奏要张弛有度

▷ 要注意细节与整体之间的平衡

我们在与他人沟通交流时，要弄清楚对方说的是关于细节的内容，还是关于整体的内容。有的时候即便我们问出了很多信息，但是如果全部都是细节性的内容，就会导致“了解了个别的情况，但是不知道能推导出什么”；如果全部都是整体性的内容，就会导致“好像都听明白了，但是对实际的状况却缺乏了解”。这样一来，就无法验证我们的假设。

因此，希望大家都能掌握“虫儿的视线”与“鸟儿的视线”。人有时候会说一些非常详细的内容，而有的时候又是偏笼统、含糊的内容。与之相对应的，我们要分别运用“虫儿的视线”与“鸟儿的视线”进行沟通，确认对方表达的到底是哪方面的内容，并在二者之间保持平衡。

▷ 虫儿的视线

“虫儿的视线”就是指近距离观察（质问）事物。针对更加具体的、细节性的内容进行提问或回答，参照逻辑树状图来说，就是右侧的那些分支内容，这些就是基于“虫儿的视线”提出的非常具体的问题。

为了验证我们的假设，这些具体的内容必不可少。因此，学会用“虫儿的视线”提问，也是很重要的。不过，光是做到这一点也会出问题。年轻顾问的身上常会发生一种错误做法，就是只会以“虫儿的视线”进行沟通交流。有时访谈结束后，他们开心地想着“哎呀！今天可是聊了不少内容啊”，结果要撰写报告书时，却发现没有什么可写的。因为他们搜集到的都是一些细节性的信息，虽然搜集到的信息数量很多，但是“完全不知道由此可以推导出什么结论”。

▷ 鸟儿的视线

“虫儿的视线”提问所得到的都是细节性的内容，这些恐怕无法让人掌握整体的大局。这种时候我们应该试着跳脱出来，从一个更高的视角分析这些信息，这就是所谓的“鸟儿的视线”，即从高处俯瞰全局。套用到逻辑树状图里的位置是左侧起点，这就是基于“鸟儿的视线”提出的非常抽象的问题。

我们不能只看到细节性的内容，也要能基于“鸟儿的视线”纵览（提问）全局，这对于我们验证假设也是十分重要的。不过，这里有需要注意的地方，就是轻易地推导出结论，而在具体实施对策时又缺少了现实性。很多人因为嫌麻烦，不愿意用“虫儿的视线”获取具体的信息，导致只用“鸟儿的视线”得出了一个不接地气的结论。

▷ 鱼儿的视线

我们先用“虫儿的视线”从各种角度近距离地验证假设，再用“鸟儿的视线”从整体上来加以验证。接下来，就可以将这些信息或现象放到时代的潮流、流行趋势以及组织变迁等大环境下进行分析，思考“到底是在怎样的‘潮流’中出现的问题”。这种基于“潮流”环境分析问题的视角，就是“鱼儿的视线”。

以前我曾带领的一个项目中，成员都是拥有很强访谈技能的顾问。他们不仅能用“虫儿的视线”“鸟儿的视线”验证自己的假设，还能用“鱼儿的视线”根据客户的发展经历对解决对策加以验证。此外，他们还能弄清楚客户企业此前多次失败的理由，将其反映到具体的解决对策中，并在中期报告会上进行发表。听完他们的报告，管理层的人都大吃一惊：“没想到你们能在这么短的时间里，就把我们公司的情况摸得清清楚楚，迄今为止都没有遇到过这么厉害的顾问。”也就是说，我们通过使用这些方法，展示出了对该项目认真的态度。

事先通过访谈了解客户的发展经历，才是能让我们做到这一点的决定性因素。

▷ 从三种视线进行沟通

下面我们来看一个“从三种视线来进行沟通”的例子吧。

对方：“我仍认为是定价太高，才导致我们失去了竞争优势。”

我方：“具体来说，你是从哪件事上得出这一结论的呢？”（虫儿的视线）

对方：“顾客一上来就指名要买 A 公司的产品。”

我方：“买 A 公司产品的理由，他们最多提到的是什么呢？”（虫儿的视线）

对方：“大部分是说因为用料安全，很适合小孩子使用，也很适合女性使用。”

我方：“也就是说，该产品能够满足目标客户的消费需求？”（鸟儿的视线）

对方："确实如此。"

我方："主要来说，还是因为该产品在宣传方面出现了问题吧，我这样说你觉得对不对呢？"（鸟儿的视线）

对方："也许不是定价太高，而是广告宣传上出了问题。"

我方："这个问题是一直以来就存在的，还是最近才遇到的呢？"（鱼儿的视线）

对方："我们公司一直以来都坚持 ×× 方针……"

我方："原来如此。今后还要继续沿用这一方针吗？"（鱼儿的视线）

先用"虫儿的视线"具体且多角度地了解情况，然后用"鸟儿的视线"进行总结，最后用"鱼儿的视线"将问题放到大的环境下，思考今后该怎么办。这样的思维过程，您看明白了吗？

要想掌握这样一流的思维过程，必须事先通过"逻辑树状图"提出假设才行。我们通过绘制逻辑树状图将需要验证的内容记在头脑中，这样在提问时就能自由地在"虫儿的视线"和"鸟儿的视线"之间来回切换了。最后将得出的结论放到大环境下来加以确认。人们很容易忽视了"鱼儿的视线"，但这确实很重要。无论是某个行业或者企业、组织，都有自身的发展历史。**如果我们对对方历史没有一定的了解，很容易就会得出不切实际的结论。**

还有，除了我方在提问时要掌握逻辑树状图和三种视线的相关知识外，在倾听对方的发言时，还要时刻意识到：他所说的是“逻辑树状图”的哪个部分？是三种视线中的哪种视线呢？这样才能梳理对方表达的内容。因为，在访谈的过程中，对方未必会按照提问的顺序来作答。而且，对方有时会说一些具体的内容，有时又会说一些抽象的内容。

最终我们可能会问出各种信息，但是如果不通过三种视线加以验证，我们先前的假设就无法得到真正的验证。所以，请大家都通过这三种视线，仔细地验证假设吧。

▷ 用“鸟儿的视线”进行总结

对于用“鸟儿的视线”得出结论是我一直很在意的一件事。用“虫儿的视线”得到的信息准确地描述状态，然后还要用“鱼儿的视线”思考“用什么样的语言表述，才能在现实大环境下吸引更多的关注”。我经常思考通过什么样的表达方式总结出结论。

“用一句话说，就是指……问题吧？”像这样，要用一句话概括出问题。想要获得对方的认同真的不是一件易事。

因此，我们必须打磨自己的表达能力和遣词造句的能力。当我们能以“鸟儿的视线”总结出问题后，对方会认为“真不错，看来之前确实认真听了我的发言”。为了使问出的信息价值最大化，请大家务必尝试用一句话总结概括。

13

不断调整自己的假设

▷ 固执己见就会变成诱导式的提问

至此，我们已经就如何提出假设、如何进行访谈以及如何验证假设进行了详细的说明。只要能像这样进行准备工作，并注意沟通交流的方式，你就能实现高效准确的提问，从而验证事先提出的假设。

最后我再说说需要注意的地方——不要过分固执于我们的假设。

在听取对方发言的过程中，即便我们察觉出先前提出的假设可能是错误的，但往往仍然会坚信“肯定就是这样的”。这样一来，我们聆听对方发言的意义就不存在了。当我们直觉“好像之前的假设是错误的”时，就要能果断地抛弃或者修正之前的假设，才能让我们更加接近问题的本质。

我也曾经犯过这样的错误，即便我意识到之前的假设是不对的，但仍然不愿意舍弃，继续向对方提问，结果被对方反问：**“你是在进行诱导式的提问吗？”**所以，**过于固执己见会使对方产生不信任感。**

提出假设和制订访谈计划固然重要。但是，也不要忘了，访谈本身是具有即时性的。我们面对的访谈对象都是活生生的人，所以问出预想之外的信息，甚至完全偏离假设的情况也是有的。

当获得了预想之外的信息时，我们的思维方式将决定我们如何看待这些信息。不要把“自己的假设是错的”这件事当成一种失败，而是应该将其视为“获得新知，更加接近本质的一次机会”。

▷ 做一次大盘点

提出假设固然很重要，但是当我们出错时，也要有勇气抛弃之前的假设，如果过于固执己见，我们就有可能错失重要的信息。

有时，即使我们发现假设是错的，也不能跟对方说“我犯了个错误，等我想好了再来”。客户拿出了宝贵的时间跟我们谈话，我们可不能就这样一无所获。这项职业要求我们，即使抛弃先前的假设，也不能让自己空手而归。如果可能，我们可以当场重新提出假设，在头脑中绘制逻辑树状图，然后继续进行访谈。如果你觉得这很有难度，至少要做到下面这样。

首先，要互相确认“这个假设是错误的”。然后，将可能带来新假设的信息，当场一一写到白板上。这个环节被称为“转储”，这原本是一个计算机术语，指的是将数据库或计算机中的信息，全部输出来的一种操作。用一个形象化的比喻，就是将对方所思考的内容以及信息都进行逐一的盘点。

如果你是资深顾问，能够根据盘点出的信息，当场就提出新的假设。但是如果你暂时还做不到，至少要将这些信息进行分组并排出优先顺序，然后与访谈对象共享这些结果。这样一来，你也能为下一次的会面做好准备工作。

第4章

「听」与「说」的完美互动

注意事项与要点

LISTENING
ASKING
TALKING

导语

至此，我们已经就让对方“愿意与我们交流”的技巧（倾听方法），有限时间内准确问出必要信息，验证假设的技巧（聆听方法）等做了介绍。

在本章中，我将以不同的场景，来解说使用这些技巧进行沟通时的要点。

01

让对方知道你在听

▷ 用 1/3 的时间去“听”

在开会时我们需要特别注意的是，确保有充分的时间听他人的意见。常见的一种情况是，我们为了制作会议用的资料而投入了大量精力，所以在会议上几乎把所有的时间都用来对资料进行说明，没有留下听取他人意见和展开讨论的时间。

会议的目的并不是要让某一方发表长篇大论，而是要让双方都能够展开讨论。如果一方总是在不停地说明，会让其他与会者的意识开小差，这也是在浪费时间。

为了避免这种情况，我们在制作会议资料时，就要有意识地精简内容，争取做到在会上用 2/3 的时间说明。

此外，还要像制作访谈计划和访谈表格时那样，事先明确“要向谁确认什么内容”。如果我们不指定一个主题，直接自顾自地说完然后抛出一句“大家对此怎么看呢”，就无法展开有益的讨论。我们在制作说明材料的阶段，就要预先想好在会议上应该加以确认的内容，例如，“课长，关于这份计划表您有什么意见吗？”“关于下一步有三个备选计划，我认为 A 计划是最完善的，但还是想请大家再讨论一下会存在哪些风险呢？”

还有，在会议上，按照什么顺序、引导谁发言，也是很重要的。所以请大家务必留意沟通交流的顺序。

▷ 用便笺纸收集意见

在企业中，往往有很多人都不愿在会议现场主动发言。作为会议的主持人就要去听取这些人的声音。

我常用的做法就是使用便笺纸。给每个人发一张便笺纸，让他们将各自的意见和想法都写在上面，这样收集来的意见也会很有效果，尤其是那些“声音小”的人的意见。另外，也可以让他们将意见写到白板上，同样是很有效果的做法。

通过这种方式，我们就不用再逐一地做记录了，而且也能够做到事后再验证。

▷ 正确的意见不一定就是本质性的意见

当我们在会议中倾听他人意见时，始终都应该关注于“这个意见是本质性的吗”。当很多人给出很多的信息时，我们一定要时常提醒自己“这个信息事关问题的本质吗”，如果不是，就果断打住；如果是，就要进一步地深入挖掘。

区分一个意见“是不是本质性的”，主要看“能否给大局或形势造成影响”。如果说来说去都是无法影响局势的内容，无论这次讨论多么激烈，都是在浪费时间。

另一个需要特别注意的地方，就是**“正确的意见不一定就是本质性的意见”**。例如，与会者提出“重要的是要提升年轻员工的工作积极性”，这当然是一条难以反驳的正确意见，但如果我们接着表示“是啊，就这么定了”，就肯定无法展开本质性的讨论了。我们应该用验证式的提问，找出其中值得被讨论的本质性问题，如，“您认为员工的工作积极性不高的依据是什么呢？”“工作不积极的负面影响，已经到了何种程度呢？”“如果不及时改善，长此以往会发展成什么样子呢？”等等。

02

与多名对象沟通的方法

▷ 像画“8”字一样扫视会场并进行眼神的接触

一提到“做讲演”，人们往往会认为更重要的在于“说”，而不是“听”。但是，那些演讲达人都很擅长倾听观众的声音，并能通过演讲，给予听众心理上的满足感。

在做演讲的过程中，表现出你有在“倾听听众”的方法主要有两个——“眼神接触”与“留出空隙”。

我先说说“眼神接触”。当你要在一大群人面前说话时，千万不要只盯着其中的某一个人或者某一个方向。我一般在面对超过 20 人的场合时，会根据会场的大小以及座位的安排，在心里面将下面的观众划分为 9 个板块（想想“3×3 矩阵”）。在演讲时，我的视线会像画“8”字一样扫过各个板块。此时，注视每个板块的时间都要超过 5 秒钟。因为，**如果少于 5 秒钟，将很难让对方产生自己“被关注”的实感。**

像这样注视观众，你能更方便地捕捉他们的反应。如果我说完后发现有人歪着脑袋思考，我就会表示“是不是刚才讲的内容有些难懂呢？我举个例子来说明吧”，接着补充一些容易理解的内容。如果我不观察观众，肯定无法做出这种应对，而且观众也会有一种“被遗忘”的感觉。

还有，如果有人一边听我们的讲演，一边积极地点头，能让我们更有自信地去表达。所以，为了不忽视观众的反应，我们一定要沉着地与所有人进行充分的“眼神接触”。

▷ 与多名对象之间“留出空隙”的方法

能够熟练地“留出空隙”是演讲达人与一般人拉开差距的主要原因。这里的“空隙”，指的是当对方听完我们表达的内容后用来理解消化的时间。

作为演讲者，我们能掌握当前话题展开的情况；而作为观众，一般很难把握清楚。因此，我们每说一句话，都要留出一两秒的时间，让对方将刚才的内容进行理解和消化。

仅仅留出“空隙”，就能够让对方感受到“演讲者是与我有互动交流的”。

不善讲演的人，往往都一心想着“不管怎样，我先把要说的内容赶紧说完”，这样就会变成用很快的语速不停地说话。所以，请务必拿出勇气，给观众“留出空隙”。

▷ 在讲演开始前与观众套近乎

在讲演正式开始之前或者讲演的过程中，我们都可以向观众提问，了解一下他们的个人情况，这样能拉近我们与观众之间的距离，同时也有助于紧扣本次讲演的目的。

在开始前，我一般都会问问观众：“您是从哪来的？”“您从事什么样的工作？”“今天有没有特别想了解的内容？”等等。在开场前这么做能让对方与我们产生亲近感，在正式讲演的过程中，对方也会频频向我们点头示意。

还有，事先多了解一些观众的个人情况，我们就能在演讲的一开始说“今天的听众中也有从事 ×× 工作的人，那么今天的话题主要就是关于……”，像这样很自然地导入主题。

03

写邮件的正确“姿势”

▷ 以“完美员工工作”的形式来提问

我在外资企业担任管理职务时，每天都要收几百封电子邮件，如果是一些无法立刻给出意见的邮件，就不得不延后回复了。

在所有人都很繁忙的时代，很多事我们都要通过电子邮件征求对方的意见。这时，我们应该做到“将自己的工作做到完美，尽可能缩短让上司做决定的时间”。这也是美国军队中采用的思维方式。

例如，如果我们把所有需要判断的问题都抛给对方，在邮件中只写道：“关于这件事，您认为该怎么处理呢？”这样一来，最糟糕的情况就是对方可能都不会回复我们。当你要征求反对的意见时，可以写："关于这件事，我想了 A、B、C 三个备选方案。我个人比较建议采用 A 方案，理由是……，您觉得这样往下推进可以吗？"这种邮件肯定更容易得到对方的答复。

为了引导对方说出"可以"，我们应该事先思考出最优的方案，在此基础上再向对方提问。尤其是邮件并非让人"你一言我一语反复交流"的工具，所以一定要记得向对方提出更容易回复的问题。

▷ 不要只谈自己的事情，也要考虑对方的情况

不要在邮件中只写工作上的内容，我们也可以针对收信的对象，添上一句关心其个人情况的内容。这样才能在邮件中表现出自己之前认真地倾听过，可以富有情感地对对方的近况表示关心，这样会很有效果。

例如，从之前的往来邮件中知道对方的小孩考上了大学，那么，我们就可以在回信中写道："迎来了新的一年，同时又恰逢您孩子的入学准备工作，这段时间应该也是忙碌并幸福着吧。"这样一来，对方就会觉得"他很关心我的情况啊"。你能熟练运用这种"关心对方感受"的表达方式，也就意味着你的沟通能力真正提高了。首先，请你有意识地在信中加入"关心对方"的内容吧！

04

会听才有领导力

▷ 首先摆出“倾听的姿态”

根据我的实际经验，很多上司与部下沟通交流时，都不太会摆出“倾听的姿态”。所以，我希望大家能认识到这一点。我自己在给新任管理职位的员工进行培训时，也会特别强调这方面。

停下你在电脑键盘上打字的双手，并转身面向部下；千万不要营造威严的交流气氛；不要打断对方，听他说完——这些都是“倾听姿态”的基本内容。但实际上，很多人却并不了解，认为“只要听对方说话就可以了”。

我们只需要摆出“倾听的姿态”，就能够让上司与部下之间的沟通得到改善。

▷ 听取负面报告时需要注意的点

上司倾听部下发言的一个场景，就是听取对方的报告。如果报告的内容都是正面积极的，固然没有什么问题；但如果是负面内容的报告，我们倾听的方式可能就会有问题了。

首先，作为一个大前提，我们一定不能使用“记者、刑警型”沟通方式，这样会变成一场问讯。我们应该以面向未来的“商业顾问、导师型”沟通方式了解和发现问题，同时通过提问引导部下留意到这些内容。如果部下仍是一脸迷茫的样子，我们就可以尝试从“心理治疗师、采访者型”的沟通方式开始入手。

同时，如果在沟通时问对方：“为什么做不到呢？”这种以“你”为主语的问题会让对方认为我们要撇清关系。我们应该尽可能使用以“我”为主语的问句进行提问，如，“（我）该怎么做才能帮到你呢？”——像这样摆出“愿意与对方一同思考解决对策”的姿态。

第5章

一个好提问能迅速拉近关系

锻炼「提问力」

LISTENING
ASKING
TALKING

导语

运用之前介绍的所有技巧，你一定能成为商业场合的沟通高手。无论对方表达什么样的内容，你都能有效地问出需要的信息，在短时间内做出正确的选择。

在掌握了大脑输入环节的“听”之后，接下来，要挑战输出环节的“问”。那就是，能动员起个人或组织的“提问力”。

催生新想法的启发式提问

① 催生新想法
② 改变视角

催生行动的启发式提问

① 赢得认同
② 调动干劲
③ 让对方说“YES”
④ 消除隔阂、拉近彼此间的距离

01

问到点子上，让对方自发行动

▷ 20 多岁时要学会“倾听”，30 多岁时要学会“聆听”

前文已经分别介绍了“倾听”和“聆听”的技巧，希望各位读者都能掌握好这些内容。因为如果你没有熟练掌握，无论在什么行业、职业、岗位，你都无法成为一名“合格者”。特别是要在 20 多岁时学会“倾听”，在 30 多岁时学会“聆听”。

作为商务人士，20 多岁正是大家初次接触这份工作的年纪，不得不学习和吸收大量的自己不熟悉的信息。学生时代所接触到的人际关系是很有限的，但在商业场合中我们必须面对各种年龄、行业、职业的交流对象。这种时候，如何让对方愿意与我们交流——即掌握“倾听力”——不仅会影响大脑“输入”的环节，也会让之后“输出”的内容产生很大的差异，甚至会给我们的人生带来很大的改变。为了更有广度和深度地搜集信息，我们必须在20多岁时，就有意识地去强化自己的“倾听力”。

当我们到了30多岁时，我们所面对的是难度更高的问题。为此，能够验证假设的“聆听力”，就变得越来越重要了。在这个年纪，我们不仅要直面问题、课题以及眼前的业务，还必须搜集跨部门、跨行业的信息，如果没有这些更具广度和深度的信息，我们将无法解决任何问题。“聆听力”的重要性体现在：要从利益对立的关系者那里了解到准确的信息，要找出本质性的课题，验证解决对策是否妥当。也就是说，为达成目的，我们不仅要搜集信息，还要进一步加以验证。

当我们掌握了“倾听”和“聆听”的技巧后，就能基于所获得的信息实现优质的“输出”，让我们距离达成商业目的更近一步。如果你不会提问，就不能成为一名合格的商务人士。只有同时兼备“听”和“问”的能力，才算是一名合格者。所以，请各位读者在阅读本书时，首先将做到这一点设为自己的目标吧。

▷ 作为领导者应具备的“提问力”

如果我们想完成更重要的工作，取得更大的成果，不仅要会“倾听”会“聆听”，还应掌握“提问”的能力。

作为个人或组织，有时候无论对方给出什么意见，其自身都很难做出行动或改变——无论提案的内容多么正确，或是当事者也认同这种“正确性”。我在工作中经常会遇到这样的情况，认真听取了一线员工的反馈、有了新的发现、推导出了逻辑正确的提案、多次验证该假设并给出了“正确无误”的解决对策，而且客户也对此表示认同，但就是没有落实到实际行动中，或者无法取得预想中的成果。

此时最重要的是，我们要具有将对方或事态引导到正确方向上的“提问力”。如果我们只需要说一句“这样才是正确的，请照我说的去做”，就能让事态顺利发展，这是最好的情况了。但是，当事态的发展并非如我们想象中那样时，我们就必须通过“提问”让对方自发地感知问题并采取行动，熟练运用“提问”能提升对方的工作积极性，并催生出自发的行动。

以往，很多知名的经营管理者和领导者，都很擅长使用这种“提问力”。松下幸之助据说就特别擅长向部下询问“你内心是怎么想的呢？”彼得·F. 德鲁克也会时常向他的客户抛出“我们的使命是什么”等五个问题（参见本章 08 小节）。

作为商业顾问也是一样的。我们工作的最终目标是促进客户企业的管理层以及一线的员工做出改革行动。即便是我们和客户双方都认同的完美方案，如果最终没能落实到实际行动上，我的工作就仍是失败的。

因此，在提供顾问服务的整个过程中，我们常常要一边向客户或一线员工进行提问，一边将项目向前推进。只有在合适的时机提出正确的问题，才能让个人或组织意识到自己的状况，做出自发的行动。

不光是经营管理者或商业顾问要掌握这种“提问力”，从事领导岗位的商务人士也都应该具备这一能力。

当你学会了“倾听”和“聆听”以后，请务必提高自己的“提问力”。

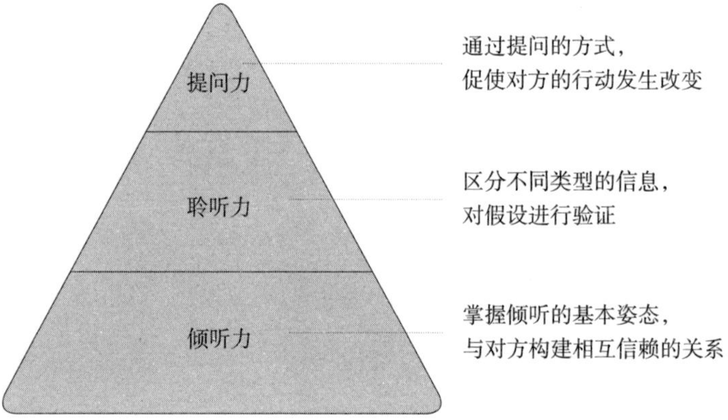

三种“沟通”

02

用好的提问
赢得客户认同

▷ 心理抗拒足以毁掉整个项目

一个项目中的相关人员不一定总是会积极地配合我们工作。客户企业中，有些成员会袖手旁观，想看看“你这个商业顾问到底有多大本事”。

对于这些人如果你采用置之不理的方式，整个项目就可能会以失败而告终。毫不夸张地说，我们从事商业顾问，就是为了让这种存在抗拒心理的人改变想法。

人生来就有依照自我的决定，做出行动或选择的本能欲望。但是，一旦我们受到他人的强迫或者被剥夺了这种权利，即使他人的提案是非常正确的，我们也会下意识地做出抗拒的行为。这就是一种心理上的抗拒。

孩童时代，我们都有过这种经历吧，刚想去看书学习，却被家长训斥："成天就知道玩，快给我学习去！"这种时候我们心里都会想"刚才就打算去学习的"，然后就完全失去了学习的劲头儿。还有，被朋友责怪："你不就是这样的吗？"我们就会条件反射式地反驳他："你完全说错了好嘛……"

这就是心理抗拒的表现，当我们"想由自己决定做何行动与选择"的本能欲望被侵犯时，就会下意识地表现出抗拒。

可以说，商业顾问就是会引起对方"抗拒"心理的一项职业。如果不直面客户心理上的抗拒，我们提出的经营战略以及对流程、制度的改造等，都不可能得到客户发自内心的协助与配合，最终只会沦为纸上谈兵。为了切实地执行提案中的内容并取得成果，我们要让客户能自发地做出行动或改变。从某种意义上也可以说，这才是商业顾问真正的职责所在。

▷ 通过询问个人意见改变不愿配合的态度

我做顾问时，最费脑筋的就是"如何与客户企业中的每个成员都产生联系"。无论我们提出多么正确的提案，能否与客户成员之间产生关联性，都是决定项目成功与否的关键。也就是说，让那些乍一看认为很勉强的人，最终也能愿意采纳这些方案。

让人们对于曾挑战过多次都失败的事情，产生再去尝试并做成功的意愿。

特别是，对于那些不愿意配合的成员，我们也要能调动起他们的干劲，这才是我们作为引领企业改革战略的团队要负责的专业领域。我常用的“提问”有以下几种。

·“能否请你发表一下个人意见？”

当人们被告诉“应该这样做”时，会容易产生抗拒心理。反之，如果是人们思考后认为“应该这样做”，对于提案就会表现出积极配合的态度。所以，如果我们能将问出的内容反映到最后提出的对策或根本思想中，对方的心理就会从“被迫做”转变成“实现了自己原本的想法”。

此外，我们不是直接问“你的意见是什么”，而是在前面强调了“个人的”这一点。因为有时我们的访谈对象会基于某种原因不得不持反对的立场。

对于这种情况，我们可以试着“询问个人内心的真实想法”，往往对方就会表示：“虽然不认同个别的内容，但是就整个项目的大方针来说，我还是持赞同意见的。”

当我们了解到这一点以后，就可以表示：“能了解到彼此的目标都是一致的，让我很欣慰。所以主要是在具体的做法上存在差异，我们一起找到一个双方都能接受的妥协点吧？”像这样，就能拉近与对方的距离。

很多优秀的、志向很高的人，会基于自己的想法提出“应该这样做”的意见。而且，他们往往对“依赖外部人员”的做法会表现出抗拒。即便经常要与商业顾问打交道的大型企业，其中也会有些人因为之前与顾问一起共事的经历，而对我们表现出排斥的态度。如果我们不能改变这些人的想法，最终项目几乎都会以失败而告终。

为了更进一步拉近与这些人的距离，我们可以像这样提问，也是比较有效果的。

·“这可是一次难得的机会啊，难道你不想实现一直想做的事情吗？”

这就是在告诉对方，能改变公司现状的不是商业顾问，而是你自己。提问时，我们要以一副严肃的神情，并且眼睛要看着对方。这样一来，原先袖手旁观，想看看“你这个商业顾问到底有多大的本领”的人，其态度也会发生转变。

以上两个问题无论我们要问哪个，都最好选择在一对一的场合中提出。因为，如果有很多人在场，对方也可能碍于面子不愿意改变原先的态度。所以，请大家尽可能选择非正式的场合进行交流。

03

突破性提问带来惊喜

▷ 调动对方干劲的提问

下面我再来介绍如何调动对方的干劲，提升工作效率的问题。

当员工感觉是“被迫工作”时，工作效率肯定不高，个人也无法获得成长。无论管理者强调多少次“好好干”，或是用考核等威胁手段，员工如果没有自律性，就无法做好工作。

为了更有效地调动起项目成员或部下的工作积极性，我们可以这样提问。

·“这就是你所能做到的最好程度了吗？”

这是史蒂夫·乔布斯常会问研发团队的一个问题，我们也可以拿来借鉴。

乔布斯对产品有着特别高的要求。有时，他会让负责开发台式电脑的工程师当着自己的面启动机器，如果开机时间长达几分钟，他就会要求“把开机时间调得再快一些”。几周后，拼命努力缩短了启动时间的工程师，又会被问道：**“这就是你所能做到的最好程度了吗？”**

然后，他还会接着说：“如果能把每次开机时间缩短 10 秒，那么一年里就能节省下超过 10 个人一生的时间。”被这句话调动起干劲的工程师，在几天后又成功地将开机时间缩短了 10 秒。

•“如果用一半的工期（人、费用）来做，结果会怎样呢？”

乔布斯常会对手下的工程师强调“再快一些”“再缩短 10 秒”，不过要想显著地提升员工的干劲，还可以有另一种问法。像“再稍微……”“再多一些”这样的表述，往往让人感觉到在现状之上添加了新的负担。如果我们换成设定“一半”这样的条件，就会“逼迫着”员工不得不抛弃一些原有做法，做出彻底的改变，并且切换新的思维模式。因为按照现行的做法总是会有其极限的。

当我们以下达命令的口吻说“用一半的工期完成项目”时，对方肯定会产生抗拒的心理——“怎么可能做得到？”“简直是强人所难！”所以，我们可以问：**“如果只用一半的工期来做，结果会怎样呢？”**这样一来，我们既不用担心对方会抗拒，又能促使其转变思维，向困难发起挑战。

04

如何获得客户的肯定

▷ 阻碍行动的“四个不”

关于具体的方案，无论我们进行多么精彩的演讲和说明，如果客户不满意，就不会接受和采纳。在推销商品或服务时，无论我们的产品品质多高，客户都未必会购买。

对方给出的理由有“顾问的提案让我无法认同”“虽然销售员介绍得很仔细，但我就是没有购买意愿”，等等。我们可以将这种情况分别理解为以下几点。

①不信任、不适合

这种情况是由于对方对服务或商品的了解不多产生的。换言之，面对顾问所给出的提案，对方会表示：“我不明白为什么非要做出改变不可？”而面对推销商品或服务的销售员，对方会表示：“我不知道你要推荐的到底是什么。”

②不需要、不着急

虽然理解了我方所说，但是对方眼下还有其他要做的事，或者并没有意识到问题的紧迫程度，才会感觉“不需要、不着急”。针对这种情况，我们要让对方了解提案中所涉及问题的紧迫性，并且将其提到一个很高的优先顺序。

③不划算

即使对方理解了该问题的紧迫性，也仍然会在经济性上存在疑惑——“虽然很需要，但是价格太高了。”“我不能自己去想办法解决吗？”“眼下有没有别的替代品呢？”针对这种情况，我们必须让对方正确认识到我方商品或服务的价值。

④不安

虽然对方理解了问题的必要性和紧迫性，同时也同意请商业顾问提供服务或者从我方这里购买商品，但是，之后面对各种各样的选择项，对方又会陷入深深的不安之中，担心“做出这样的决定真的不会犯错吗？”

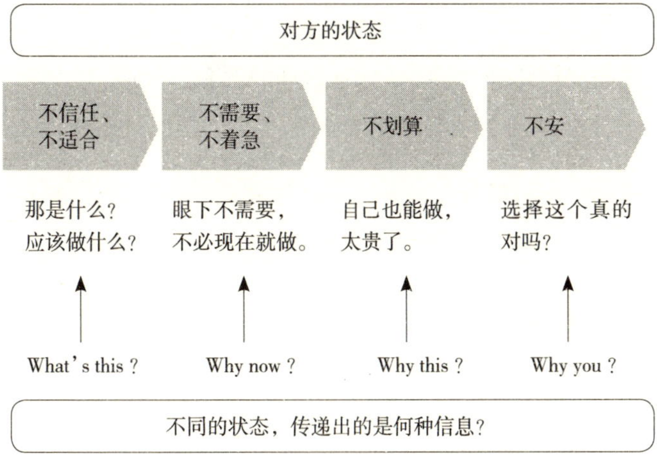

面对“四个不”该如何进行提问

▷ 针对“四个不”分别提问

当对方不接受我们的提案时，或者无论我们如何推销，对方就是不愿意购买时，我们就要重新审视一下提案或者商品、服务的内容。此外，我们也要思考如何化解对方的“四个不”的状态。

此时最有效的方法仍然是提问。比起我们不停地说“如果不采用这个提案，事态就会变得很麻烦”“现在购买是最划算的”，通过提问的方式，让对方感觉“应该采纳这个提案”“眼下，应该购买这个”，从而自发地做出行动，更为有效。

下页的图是针对“四个不”分别提出的问题。

我们在讨论或讲演中使用这些问题将会特别有效果。不要一上来就直接说“今天要介绍的是 ××，那么我们开始吧”，而是在第一张幻灯片上打出“大家能做到 ×× 吗？”这样的问题，让听众在心中自问，然后再慢慢过渡到讲演的主题。

状态	解决的条件	启发式提问
不信任、不适合	让对方认识到： 做出变革的必要性	您能做到 ×× 吗？ 行业内的其他公司都已经解决了这一问题，贵公司是怎么考虑的呢？ 您认为这个问题会耗费贵公司多大的成本？ 对于这个数字您还满意吗？
不需要、不着急	让对方认识到： 做出变革的紧迫性	如果对该问题放任不管的话，您认为会发展成什么样子？ 为什么认为别的问题也同样重要呢？
不划算	让对方认识到： 自己解决问题很困难，而且会浪费时间	对于解决该问题，您有什么计划吗？ 靠贵公司内部自己解决的话，大概需要多长时间呢？ 为了解决该问题，您觉得需要冒什么样的风险和可能遇到什么阻力呢？
不安	让对方放心： 所做出的选择是正确的	您对我们在该领域的能力是如何看待的呢？ 如果要挑选实际执行中的搭档的话，您的判断基准是什么呢？ 请告诉我们您不放心的地方是哪些？

针对“四个不”该如何进行提问

05

提问让我们越来越近

▷ 让心中不满或不安表露出来

随着项目的不断推进，对方会出现相关的利害关系、不信任感、倦怠感等，这会让彼此间出现隔阂，如果我们对此放任不管，就会在某一时刻“爆发”。

大家都知道这种“定时炸弹”当然是要尽早拆除才好。但是，问题主要在于提问的方式。为了能尽早与对方拉近关系，可以试着问下面的问题。

“我一直觉得自己说明得还不够清楚，不知您是怎么想的？”

“我觉得当前还不足以下定论，总感觉缺少了什么信息，您认为是什么？”

通过提这些问题，可以让项目中出现的问题以及对方内心的不满都表露出来。我们在表达方式上不要过于严肃，可以采用轻松积极的口吻。毕竟，我们不是在追究谁的责任，而是为了得到更好的成果在坦率地交换意见。

不要等到事态发展到陷入僵局时才想起来做这件事。当你觉察到一些征兆时，就是运用“提问”的最佳时机。

另外，即使还没有出现问题时，你也可以问：

“如果让您说一个担心的地方，会是哪一点呢？”

这个问题同样可以在早期就拆除掉“定时炸弹”。一般来说，即便我们询问对方：“您还有什么不放心的地方吗？”对方大多只会表示“没什么”。但是，我们换成“如果让您说一个担心的地方”这种略带强迫感的问题，我们就能从对方的回答中发现风险性的因素。然后，我们可以表示“那么，我们可以这样做来避免这一问题”“假如，真的出现这一事态，我们可以这样应对”，以此获得对方的认同，从而让双方都感到安心，增加信赖感。

▷ “就我个人而言……”在表达时加入缓冲句

下面要说的表达方式需要你拿出一些勇气，但是却能防止事后后悔——“当时，要是多问一句就好了”“当时，他要是那样说就好了……”越是进展顺利的时候，人们就越是会忽视风险。为了防止出现这种情况，请大家务必多问一句。

要想通过提问打破闭塞感，我们就要在无计可施的情况下勇敢地发声，但是要做到这一点却特别难，尤其是“新人”。

如果你正处于这种状况，可以这样说：“就我个人而言也可以试着思考一下，如果只用一半的工期就完成项目，会是什么样的结果呢？不知道大家是怎么看的？”像这样，在表达时加入一些缓冲的句子，就能让风险低一些。

06

恰当的质疑，打破僵局

▷ 用提问打破僵局

21 世纪的商业形态已经很难让人发现应该解决的问题或课题，如果只是照搬以前的做法，往往就会陷入四处碰壁、无计可施的窘境。

这种时候，我们可以准备一些能够促进思维转换的问题，以此找到突破口、调动起工作的积极性。只是想着“要用创造性的思维”会让整个讨论都沦为空谈。如果想催生出新的想法，我们在观察事物时的视角就要有些诀窍。接下来介绍的是如何转变我们的视角。

我们所熟悉的“逻辑思维”，主要是准确捕捉问题的原因、合理推导出解决对策、然后实施并计算成功概率或追求效率性的一种思维方法。而这里要介绍的“问题”，则是基于所谓的“水平思维”得出的。“水平思维”主要是在成熟且饱和的市场或者无计可施的僵局中，催生出革新性想法的一种思维方法，非常适用于调动工作的积极性。

能催生新想法的提问，主要表现为“质疑前提”“改变视角”两方面。首先，来说说“质疑前提的提问”。

▷ 打破前提

在日常的对话中，我们经常会用到“以此为前提……”这样的表述方式，这些被当作“前提”的内容，往往会成为我们思考时的束缚。所谓的“前提”，有些是绝对不能被打破的，有些则是可以（或者说应该）被打破的，所以不能一概而论。下面就从“绝对不能被打破的前提”开始，看几种常见的前提。

首先，最不能被打破的前提是“基本原则”“法律制度”等。例如“不能给他人添麻烦”“必须遵守规章制度”。其次，是不同行业、企业间存在的“商业习惯”。最后，是企业内部的“业务制度”“公司文化”等以思维方式为前提的内容。

如高层的决定或上司的指示等这种“他人的意见”，往往会被当作前提。还有，我们身边也存在着各种各样的前提。再如真假未知的“流言”“传闻”等，有时我们会选择相信并以此为前提做出行动或判断。此外，“自我的成见”也会被当作前提，

	逻辑思维	水平思维
特征	分析原因得出结果，对线性因果关系的思考	转变视角，找出别的做法，创造性思维
思维方法	逻辑树状图、金字塔图，从原因分析结果、从依据得出结论	质疑前提，逆向思考问题
视角	MECE、框架思维，为防止遗漏而纵观全局	切换视角，尝试独特的组合方式

逻辑思维与水平思维的对比

而且，很多时候我们都没有意识到这一点。

在这些前提中，“应该遵守”和“可以被打破”之间的界线是什么呢？

像法律制度、商业原则等，虽然会随着时代的变化而有所改变，但仍属于很难立刻发生变化的前提。

另一方面，“商业习惯”“业务制度”“公司文化”等表面上看似要遵守的前提，如果我们能做出一些改变，就会带来更大的成果。如果你身处一个频繁发生问题的闭塞环境中，那么只要把过往的做法当作前提就好了。但是，随着时代的变化，这些前提就显得太过形式化、不切实际，甚至还会成为阻碍发展的主要原因。

“他人的意见”“流言”“传闻”“自我的成见”等，都应该被纳入质疑和探讨的范畴，我们主要是针对它们成为前提的理由来提出质疑。

通过对三个理由的提问，判断该前提是否可以被打破。下面，我们结合“提升销售效率”这一主题进行介绍。

①必要性

“关于这一点不能改变吗？”

“去掉这些前提内容，工作是否就无法完成了？”

这是最根源性的问题。例如，我们可问：“刚才一直说要提升销售效率，但是原来的销售环节是否就一定要保留呢？”有的企业或行业就会通过取消“销售”环节降低经营成本。这可以说是一个能改变商业模式的提问。

②行动理由

“以此为前提的意义何在？”

“作为行动理由的这一前提，是否就一定正确呢？”

如果我们通过①的问题得出了“不能取消销售环节”的结论，接下来就可以抛出②这样的启发式问题。我们的目的是

“提升销售效率”，所以当有人提出“要增加拜访客户的时间”时，我们就可以问：“是不是一定要增加拜访客户的时间呢？”

这个问题针对的就是“拜访客户的时间”与“成功签约率”之间，是否存在因果关系。在开始讨论“如何增加拜访次数”的实际对策之前，先问一问是否真的应该这么做。

③单一性

“没有其他方法了吗？”

结合①②的问题得出结论后，我们可以进一步问：“没有其他方法了吗？”以此来询问单一性。一说到“拜访客户”，往往就会认为是“销售员亲自登门去拜访”，但我们也可以基于各种客户的特点，思考除了“登门拜访”以外，还有没有其他的方法。

07

换个视角激活客户关系

▷ “奔驰法”

即便我们强调“要用不同的视角讨论解决的对策”，对方也不一定真的能做到。这种时候，我们可以利用“奔驰法”有效地向对方提问。

按照这个方法上的项目逐一提问，从而促使对方改变视角的方法，也被称为“SCAMPER 法[①]”。这个方法并不是“从零开始”创造某个新事物，而是对于某个已经存在的问题，思考改良或解决的对策。

SCAMPER 法是取自英文首字母的组合，主要由以下的项

① “SCAMPER 法”，又称“奔驰法”，在 1953 年由罗伯特·艾伯尔提出，是一种激发人们思维创造力的方法。

目组成。

- Substitute——尝试替代
- Combine——尝试组合
- Adapt——尝试应用或适应
- Modify——尝试变形或修改
- Put to other use——尝试移作他用
- Eliminate——尝试删除
- Rearrange——尝试重组或对调

例如，某销售员负责的客户数量太多，导致无法拜访所有客户，那么我们在思考相应的解决对策时，就可以像下面这样提问，找到解决问题的对策和突破口。

“一些稳定的客户，能否让销售助理代为拜访呢？”（替代）

“能否引入网上下单的系统？”（适应）

“针对每个销售员手上交易频率较低的客户，能否组建一个专门的销售团队呢？”（组合）

▷ 迅速切换视角

我在做商业顾问的时候，就听过客户感叹："一直听说顾问的脑子都很灵活。确实，在进行各种分析和讨论解决对策的时候，总是能从多种角度来看问题。这是怎么做到的呢？"我想，这还是因为我们都掌握了"通过切换不同视角寻找问题突破口"的能力吧。

要想改变闭塞的环境，只靠鼓励和理论很难做到。我们要在心中准备好一个问题清单，这些问题能让我们质疑前提、转变思维。通过瞬间抛出这些问题，强化我们推动事物发展的能力。

08

重返原点，
德鲁克的“经典五问”

▷ 能让人重返原点的提问

我们在做项目时经常遇到这样的情况：对于当初已经定好的“决策实施范围”，有的人又提出“最好那样做、最好这样做”，从而将范围进一步地扩大了。特别是，当我们无法决定应该集中精力做好某件事时，就会容易发生这样的情况。

能否控制好“决策的范围”事关项目的成功与否。不能因为工作增加了就扩大范围。因为我们投入的人力和时间都是有限的，所以一味地扩大范围是非常草率的做法。这会让我们忽视原本应该完成的工作，更有可能导致项目的失败。

当你陷入迷茫时，可以借助德鲁克的“经典五问”让自己重返原点。

▷ 德鲁克的“经典五问”

被称为现代管理学之父的彼得·F. 德鲁克，因善于用大量的时间向客户提问而闻名。他给出的并非建议，而是尖锐的问题。

“经典五问”是德鲁克当初应一家名为“向无产者提供管理思维工具”的非营利组织的邀请而开发的内容。后来逐渐被大企业所运用，被誉为“对一个组织来说最重要的五个问题”。这五个问题涵盖了从“组织存在的意义”到“实施对策的计划”等多个方面。

问题 1
我们的使命
是什么？

作为一个组织，其存在的
意义及发展方向

问题 2
我们的客户
都是谁？

作为活动对象的客户、作
为合作伙伴的客户

问题 3
我们的客户
重视什么？

满足、需求、欲望、期待

问题 4
我们追求的成果
是什么？

对成果的定义、资源的
利用

问题 5
我们的计划
是什么？

抛弃、集中、动机、风险、
分析

德鲁克的“经典五问”

这五个问题看似非常简单，但是又很难回答。如果有些人以为简单的问题，通常答案也会很简单，就大错特错了。正因为问题很简单，必须从正面回答，所以有时这也会伴随着痛苦。

无论是对企业、对部门，还是对个人，当大家想要重返原点，或者讨论该沿何种道路继续推进战略时，“经典五问”都是非常有效的方法。

▷ 在项目伊始就提问，之后还要反复提问

我通常会在项目启动或领导新团队开始工作时，就提出这五个问题。也许这种做法看起来很幼稚，但如果一开始就没有统一大家的认识，之后就会出现各种各样的问题。

还有，大家不要忘了经常反复地提问这五个问题。通过定期审视这些问题的答案，能让我们随时修正自己的轨道。例如，在每个季度的团队会议上，就可以有意识地抛出这五个问题。还可以在年初的会议上，对这五个问题进行彻底的讨论，将答案一个一个地定下来。然后在下一次开会时，对照年初的讨论结果，验证是否走了不同的方向，或者讨论之前的答案是否应该做出修改。

特别是在项目顺利进行时，我们更要以这五个问题来重新审视自己的状态。否则，等到开始走下坡路时就晚了。总之，为了持续保持向好的势头，我们就要不断地提问这五个看似普

通的问题。

▷ 向自己提问

其实，这五个问题对于我们每一个人来说都是特别有效果的。为了实现丰富的人生，我们应问一问自己：我们的使命是什么？最重视的人是谁？有何期待？成果是什么？关于实施的计划，自己想做什么？应该做什么？自己的优势又是什么？……遗憾的是，很多人并不清楚这些问题的答案。

我们并不需要立刻给出答案，但是一定要经常问一问自己这些问题，才能清楚我们的信念。这些看似普通但适用面又很广的“简单问题”，将会是我们最得力的武器。

09

提升“提问力”的窍门

▷ 要养成经常对自己提问的习惯

要掌握提问的能力，我们必须抛弃之前的成见和抗拒的心态，而且必须对自己进行提问。如果什么也不想，只是埋头于工作，我们将无法意识到这种“提问”的必要性。

“项目推进的方向有错吗？”

“对客户来说，该提案的真正价值是什么、在哪儿？”

“怎么才能做到更好？”

我们有必要不断地对自己提出这些问题。平时从不会自问的人，肯定也不懂得如何向他人提问。只有我们通过对自己的提问得出的答案，与对他人提问得出的答案相碰撞，才能实现共同进步。这么看来，“启发式提问”的能力并非指完成预先决定好的事情，而是要在不确定的状态中，选定课题并加以解决，这可以说是 21 世纪商业形态中最根本的一种能力。

▷ 优秀的问题能受用一生

想出一个优秀问题的好处在于，我们可以记住并一直使用它。因为根据当时的状况和条件，对方所给出的回答也是会发生变化的，而优秀的问题通常都具有普适性。

事先掌握一些优秀的问题，将有助于我们将工作往正确的方向推进。

后记

归根结底，还是要靠“听”和“问”

在撰写本书的期间，我的女儿正式成为一名小学生。我曾问过好几位老师，在入学前她应该要掌握什么能力，其中有位老师是这样对我说的：

要学会听话吧。我指的不是那种老老实实对他人言听计从的“听话”，而是指要听他人把话说完，以一颗坦诚的心接受对方所说的，在理解的基础上，再做出行动。最近的小孩子，都不愿意听人把话说完，总是在对方还没说完的时候打岔。这不仅仅是礼貌上的一种缺失。当他人在表达时，自己也想要表达，这样不利于锻炼个人的理解能力，结果也会让学习能力变得低下……

因为，我之前一直以为老师们会说“要先学会自己的事情自己做”，所以当听到这些话时，我感到很意外。但是，仔细想想，“对话”的确也是一门“学问”。无论是语文，还是数学，如果孩子连题目都看不懂，肯定无法和别人站在同一条起跑线上。其实，回顾我们的日常生活，岂止是小孩子不会“听”他人说话，很多大人也做不到吧？

不仅仅是面对面的谈话，在互联网和一些社交媒体上，我们也经常会见到有很多人就一些言语展开激烈的争论，或者传播一些捕风捉影的消息。之所以会出现这些情况，要么是因为断章取义、盲目相信，要么是因为带有成见，没有客观地去了解情况。换言之，就是因为“听”和“问”的能力不足而引发的状况。

如果我们都能对“听”和“问”有所关注并发挥好这种能力，就能加深相互的理解，并且实现彼此间的和谐相处。对此我抱有十分乐观的态度。而且，我也是因为希望大家更好地倾听重要人物的声音，以及自己的心声，才决定动笔撰写本书。

在最后，我要向一直以来为理解我想表达（书稿）的准确含义，不断向我提问并帮助我完成本书的东洋经济新报社齐藤宏轨表示感谢。向一直关心我的家人、给予我勇气的朋友，以及热心听我演讲的听众表示感谢。当然，也要向购买本书的读者表示衷心的感谢。

清水久三子

参考文献

船川淳志．逻辑倾听．Diamond 出版社．

野口吉昭．商业顾问的“提问能力”．PHP 经管新书．